なぜ雇用格差はなくならないのか

正規・非正規の壁をなくす労働市場改革

小林良暢
Yoshinobu Kobayashi

日本経済新聞出版社

まえがき

深まる「混迷」の原因を探る

米国発の金融危機に伴う世界的な景気悪化を受け、日本企業では「派遣切り」に代表される〝非正規リストラ〟が始まった。今後、この流れはさらに加速し、社会的にもいっそう大きな問題となることは間違いない。

しかし、このところ話題になっている「ワーキングプア」「ネットカフェ難民」「年越し派遣村」についてのニュースでの取り上げられ方や、正社員と非正社員の対立をあおるような雑誌の特集記事などを見ると、あまりにも情緒的に流れ、問題の本質をかえって見えにくくさせているように感じられる。また、政府による緊急雇用対策や、経済界、各労働組合の主張も、必ずしも的を射ているとは言い難い。本当に非正社員の立場に立って考え、有効な政策を打ち出していかなければ、混迷の度合いはますます深まるばかりである。

〝非正規リストラ〟が投げかけた問題は、正社員と非正社員とのあいだに埋めがたい格差があり、それが固定化されつつあること。また、派遣社員をはじめとする非正社員に対する法的な保護、雇用保険などセーフティネットが不備のまま放置されていることである。まだしばらく続くと思われる不況のなかで、非正規失業問題に対して緊急手当てを行うと同時に、あわせて正規・非正規を巡るこれからの雇用構造のあり方を議論し、その真の解決策を見つけ出すことが求められている。

突破口を具体的に提言

本書は、派遣やパート、期間社員、契約社員など非正規雇用へ向かう大きな趨勢《すうせい》のなかで、目先の政治課題にあまり惑わされることなく、正社員と非正社員を巡る雇用や賃金・処遇、セーフティネットなどの問題について、客観的な事実の上に立ち、かつ問題の根本に立ち返って、その解決の突破口を探っていくことを狙いとしている。

第1章では、まず〝非正規リストラ〟に代表される雇用問題の現状とそのインパクトを明らかにする。第2章では、非正規雇用問題に対する各界の迷走ぶりを指摘しつつ、問題の本質がどこにあるのかを探る。続く第3章では、正社員と非正社員を隔てる「壁」の存在を明らかにし、その根底にある雇用格差を突き破る「突破口」を突き止める。

続く第4章からは具体的な各論に入る。まず、第4章では積極的雇用政策について提言し、第5章は賃金・処遇の均等化の方策について探る。第6章では、非正社員でも利用できるキャリア教育・職業訓練と就業支援サービスについて触れ、第7章で雇用のセーフティネット、第

8章で非正社員も安心できる年金制度改革について考えていく。

第9章では、グローバル競争のもとでのわが国の非正規雇用化の背景を明確にし、エピローグでこれからの日本の労働のあり方を提案したい。

一九八五年に労働者派遣法が成立してからほぼ四半世紀、九九年の派遣法改正から一〇年が経過し、今や非正規雇用は一八〇〇万人に達するといわれる。彼らの力を引き出し、活用しながら、雇用格差をできる限りなくし、誰もが安心して働ける社会を構築するために、本書が少しでもお役に立てれば幸いである。

二〇〇九年二月

小林　良暢

目次

第1章 激震〝非正規リストラ〟

第2章 迷走する派遣・請負問題

第5章 均等待遇へのアプローチ

第8章 派遣・フリーターももらえる年金制度改革

第9章 グローバル雇用危機のなかの日本

装幀　森本 麻水（梅田デザイン事務所）

第1章

激震〝非正規リストラ〟

1 〝非正規リストラ〟の実像

始まりは「トヨタ・ショック」

二〇〇九年は、「年越し派遣村」の話題で年が明けた。一〇〇年に一度と言われる世界経済危機のさなか、トヨタ自動車やキヤノンなどの世界的大企業が派遣社員や期間社員を雇い止めにしたり雇用契約を中途解除するという〝非正規リストラ〟の激震に見舞われている。

ことの起こりは、〇八年一一月六日の「トヨタ・ショック」からである。世界のトヨタが、〇九年三月通期の営業利益が七割減になるとの見通しを発表し、あわせて期間従業員を三〇〇〇人削減するという計画を明らかにした。これを新聞、雑誌、テレビなどがいっせいに報じ、世間に大きな衝撃が走った。その後、自動車各社から相次いで派遣社員や期間社員の削減計画が発表され、〇九年一月時点での大手一二社合計で、削減人員は二万八〇〇〇人規模に達している。

また、厚生労働省が〇九年二月末にまとめた「非正規労働者の雇止め等の状況」によると、雇用契約期間満了で雇い止めにされたり、途中で解雇される非正社員が、〇九年三月までに全産業で一五万七八〇六人に達するとしている。これを新聞やテレビは「派遣切り急増」と大きく報じた。しかし、この数は一桁少ないのではないかと筆者は見ている。

〇九年の年明け以降、わが国の産業、とりわけ製造業において、国内・海外を含めた受注が急減している。前年比で三～五割減は普通で、なかには八～九割減になっているところもある。それに伴い、雇用状況の悪化はますます加速している。

非正規失業者が一二〇万人に？

製造派遣・請負会社の業界団体である日本製造アウトソーシング協会と日本生産技能労務協会は共同で、製造業派遣などで働いていた労働者のうち四〇万人が失職する恐れがあるとの試算をまとめた。この両団体の会員企業は、〇八年九月までの時点で派遣労働者と請負労働者を合わせて約二五万人雇用していた。会員企業からの聞き取り調査をまとめたところ、このうち四〇％にあたる約一〇万人が〇九年三月末までに削減の対象になることが明らかになった。会員企業に含まれていない派遣や請負の労働者を合わせると、〇九年三月末までに計四〇万人が仕事を失うというのが、業界の見方である。

これは、きわめて妥当かつ確度の高い推計である。

しかし、この四〇万人という失業規模は、製造業への派遣社員しか含まれていない。それ以外の一般・常用派遣、期間社員などを含めた非正規労働者全体ではどのくらいの規模になり、さらに〝正社員リストラ〟も含めるとどの程度になるのだろうか。筆者の予測では、おそらく前者の〝非正規リストラ〟だけでも、派遣労働者三八〇万人のうち三分の一にあたる、一二〇万人規模に達すると見ている。さらに正社員を含めた失業者数は、二〇〇万人をゆうに超えるのではないか。

この規模の失業者が発生するという見方は、徐々に一般的になりつつある。日本総研は雇用調整関数と産業連関表の二つのアプローチから、「雇用機会はどの程度失われるか」というシミュレーションを行っている。雇用調整関数からのアプローチの場合では最大一九三万人、産業連関表からの場合では約二〇〇万人分の雇用機会が失われるとの推計である。

また、小峰隆夫法政大学教授が鉱工業生産に基づいて予測したところによると、失業率は〇九年に七・四%になるとしている。この他にも、第一生命経済研究所は失業者数が〇九年に一四〇万人、三菱ＵＦＪリサーチ＆コンサルティングは失業率が六・二%になると予測している。[1]

なお、失業率一%は六〇万～七〇万人に相当し、〇八年一二月の完全失業率は四・四%である。

2　雇用危機の三つの特徴

なぜ「非正規」なのか

今回の雇用調整は、その規模の大きさもさることながら、わが国がこれまで体験したことのないタイプの雇用危機という点で、〝激震〟と呼ぶにふさわしい。以下、その三つの特徴を順次見ていこう。

第一に、冒頭から述べているとおり、今回の雇用調整は派遣社員や期間社員などの非正社員に集中して雇い止めや中途解除が行われている〝非正規リストラ〟であるというところに特徴がある。前述の厚生労働省の調査では、この三月まで非正社員の失業は一五・七万人としているが、正社員は九九七三人と、一五分の一に留まっている。

なぜ今回のリストラが、非正規雇用に集中して起こっているのだろうか。一般には、正社員より解雇しやすい非正社員から調整を始めているからだ、という見方が有力である。テレビでの識者のコメントや新聞論調の多くがそうで、「派遣切り」という言葉にはそういうニュアンスが強いように感じられる。

図表1-1　雇用形態別の労働者数の増減

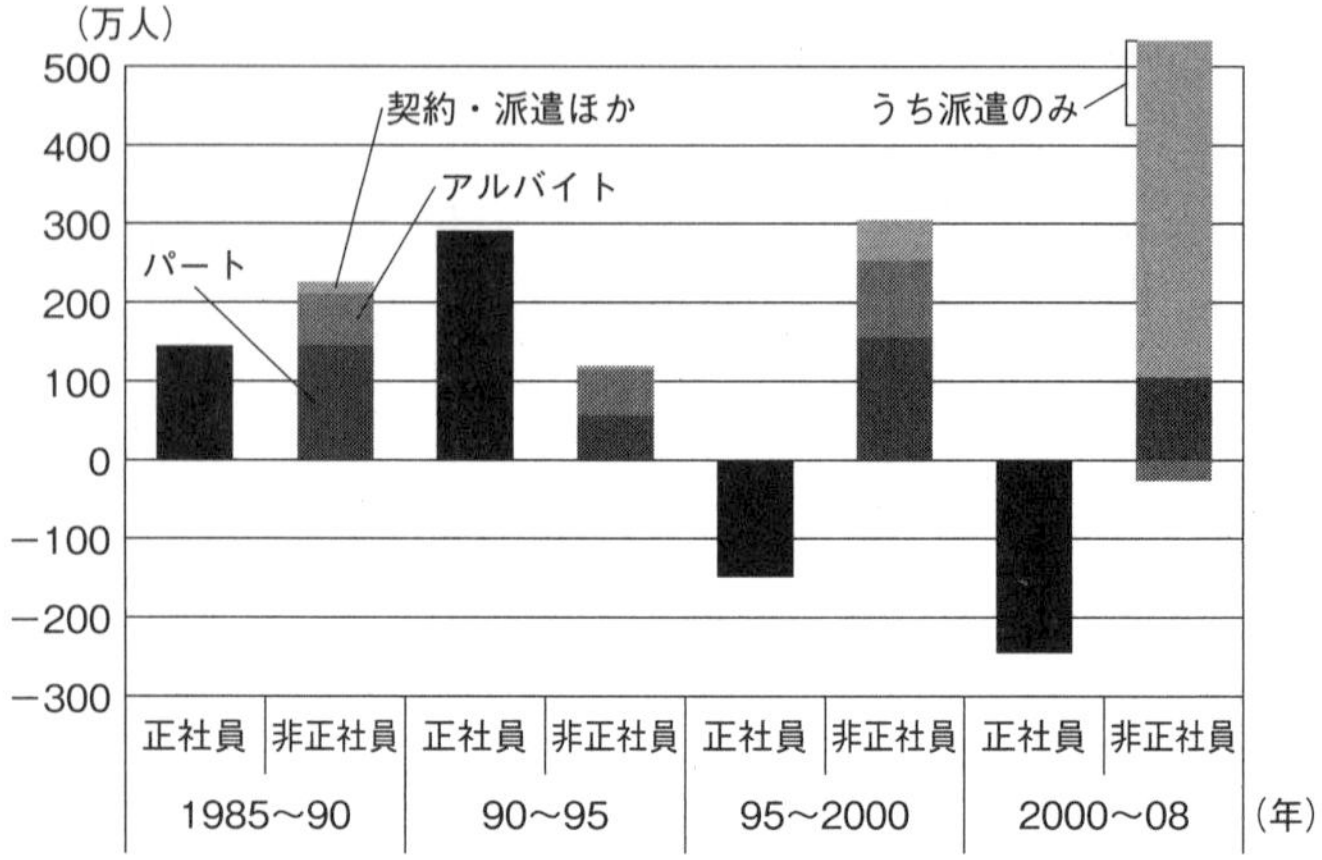

出所：総務省「労働力調査」、厚生労働省「平成20年労働経済の分析」

しかし、そうした見方はやや紋切り型で、単純すぎはしないだろうか。筆者は、常日頃から物事は単純な見方をした方が正解が多いと考えているが、この問題に限って言えば、もう少し複雑な事情があると見ている。

この非正規リストラは、非正社員の急増と日本の雇用構造が変化した結果、起こったものである。図表1―1は、一九八五年から今日までの雇用形態別の労働者数の増減を、四つの時代に区分して示したものである。

四つの時代とは、労働者派遣法が施行された八五年から九〇年までのバブル期、九〇年から九五年までのバブル崩壊期、それから二〇〇〇年までの構造調整期、そして二〇〇〇年代の構造改革期である。

この四つの時代の特徴は、次のようなものである。まず、八〇年代後半のバブル期は、正社員が増えるとともに、パートタイマー全盛期の余韻を引きずって非正規雇用も増大した。次の九〇年代のバブル崩壊期には、パート・アルバイトの増加は半減したが、正社員はバブル雇用の余勢を調整できず、逆にさらに増えた。この「過剰雇用」が不況長期化の最大の原因となった。それでも「一〇年不況」と言われ始め、金融危機が勃発した九七年頃からは、正社員の削減に手をつけ、同時にパート・派遣など非正社員へのシフトが始まった。二〇〇〇年代の構造改革期には、その傾向がさらに鮮明になり、正社員が減少する一方で、派遣・請負労働者や契約社員の急増が顕著になったのである。

ここで重要なことは、この間一貫して不況期でも非正社員が増えてきた、という事実である。最近の「非正社員は解雇しやすいから、不況になると真っ先に切られてしまう」という見方が、必ずしも正しくないことがおわかりいただけるだろう。

この二三年の間で、正社員数のピークは九七年の三八一二万人で、この時の非正規比率は二三・二％であった。この正社員の過剰雇用を調整したのが、〇一～〇二年にかけての大企業リストラである。失業率はピーク時の〇三年四月には五・五％まで上昇した。一方、二〇〇〇年から〇八年にかけては、派遣社員と契約社員が四〇〇万人、非正社員全体では五〇〇万人も増加したことになる。今度の大不況では、その非正社員の過剰の調整が始まっている。これが今回の非正規リストラの正体なのである。

セーフティネットなきリストラ

第二に、「セーフティネットなきリストラ」が進行していることである。これが今回の雇用危機において、もっとも憂慮すべき特徴と言うべきであろう。

今回の雇用調整は、世界大不況下での市場メカニズムによる強制的収縮の一環であるから、それ自体は止められるものではない。こうなると、経済政策としても、解雇防止の即効薬はなかなか見つからない。したがって、政府が政策的にできることは、労働者の個人にかかるリスクを最小限に留め、失業者の生活破綻を防ぐための社会的セーフティネットを緊急に手当てすることである。本来は、政府や政策当局がそこに資源を集中的に投入すべきであるが、実際には政府や政策当局は有効な手立てを打てないでいる。

サラリーマンやＯＬには、いざという時のセーフティネットとして、雇用保険がある。前回の〇一年から〇二年にかけての雇用危機では、その中心が正社員の失業者であったので、リストラされた大半の人は雇用保険の一般求職者給付を受給することができた。

ところが、今回の雇用調整は非正規リストラであるため、その対象者は雇用保険に加入していないことが多い。厚労省が〇八年末に発表した推計によると、雇用保険に未加入の労働者が一〇〇六万人おり、この多くが非正規労働者だという。非正規労働者はおよそ一八〇〇万人いるから、約六割弱が雇用保険に未加入という計算になる。

その後、厚生労働省が〇九年になって発表した追加推計によると、雇用保険の適用要件を六カ月に緩和するなどしたこともあり、一四八万人が雇用保険適用の恩恵に浴することになった。しかし、あとの八五八万人は、依然として給付漏れのままであることが、明らかになったのである。このうち五一四万人は主婦パートや学生アルバイトなど、生活基盤のある人たちだから、緊急性は高くないとしても、残る三四四万人が雇用保険という「セーフティネット」から完全に漏れて、直接生活保護という地べたに叩き落とされることになっているのである。

二〇〇〇年代に入って以降、派遣などの非正社員の急激な増大という雇用の構造変化に対応して社会保険や社会保障制度を拡充してこなかった政策的な不作為が、「セーフティネットなき失業者」を大量に生み出したのである。さらに、緊急対策も後手にまわっており、このままでは「政策ミス」の上塗りになってしまう。

今回の雇用危機が社会に提起した最大の課題は、安易に非正規リストラに走る大企業の姿勢もさることながら、それによって仕事を失っても雇用保険の給付が受けられないという問題である。これについては、第7章で詳しく見ていくことにする。

迷走する派遣対策

第三の特徴は、今回の「非正規リストラ」に対して、財界、政府、政党など、この国のパワー・エリートたちが、目を覆わんばかりの無策、迷走ぶりを見せていることである。

今回の非正規リストラを受け、「製造派遣禁止」「日雇い派遣の禁止」「登録型派遣の原則禁止」などの主張が、政財界や労働組合、マスコミから聞こえてくる。しかし当の非正規労働者たちからは、そうした声はあまり聞こえてこない。このような政策が、派遣労働者自身の声を汲み上げて政策化したものとは、どうしても思えないのである。

非正規失業者は、雇用保険の失業給付など生活資金と再就職のための支援を求めているのであって、政府与野党、また経済界、労働組合の対応は、この点でどこか決定的にずれている。今回、そういう違和感を抱いた人が多いのではなかろうか。

どうしてこうなるかというと、「非正規労働者一八〇〇万人時代における非正規リストラ」という現実的な危機感が、あまりにも希薄だからである。

例えば、舛添要一厚生労働大臣は、国会で非正規失業者対策について質問されて、「政府は、雇用保険の受給資格について、過去一年の保険料納付が必要だったものを六カ月にした。また先行き一年以上の雇用の見込みのあるもの、という適用基準を六カ月に短縮して、失業手当給付をもらいやすくした。さらに、再就職困難者には失業給付を六〇日上乗せした」と答弁している。一方、民主党は失業手当の受給期間が終了しても再就職できない人に、教育訓練を受講すれば月一〇万〜一二万円を生活費として支給する案を提案している。双方ともに雇用保険の穴を埋めるために必要な政策ではあるのだが、いずれも雇用保険に加入していることが前提であり、雇用保険に未加入の非正規労働者のことはまったく視野に入っていない。政府・与野党に共通する視野狭窄が、具体的な施策と非正規失業者のニーズとのあいだに決定的なズレを生んでいる。

また、地方自治体でも非正規リストラに遭った人たちを臨時職員として採用し、仕事と住まいを提供しているところがある。にもかかわらず、実際にはその応募は少ないという。何でもいいから雇用機会さえ用意すれば自然と人が集まるほど、雇用市場は甘くない。一口に派遣失業者と言っても、本当に当座の生活にすら困っている人から、しばらくは何とかなる人まで様々いるため、それぞれのニーズに合わせてきちんと施策を振り分けなければならないのである。

このように、政府や与野党が行おうとしている緊急施策、野党や労働組合が主張する施策が、非正規失業者自身のニーズと完全にずれているように思われる。これでは非正規リストラで失業した人の現実的な救済にはならない。

では、こうした混迷はなぜ生まれ、その原因はどこにあるのだろうか。第２章では問題の本質を詳細に見ていくこととする。

注

1　日本総合研究所「雇用危機のマグニチュードと対応策の在り方」（二〇〇九年二月一二日）、小峰隆夫「経済教室・与野党の政争、一時休戦を」日本経済新聞二〇〇九年二月一一日付（なお、予測は岡田恵子法政大学教授によるもの）。

第2章

迷走する派遣・請負問題

1　混迷する争点を解きほぐす

賛否渦巻く派遣法改正

二〇〇九年の年明け早々、異例ともいえる時期に召集された第一七一回国会で、麻生太郎首相は、就任後初めての施政方針演説に臨み、深刻化する世界経済危機を受けて「異常な経済には異例な対応が必要だ」と強調した。

これを受けた各党の代表質問で、太田昭宏公明党代表からの「労働者派遣法で派遣元、派遣先の責任を明確にすべきだ」との指摘に対して、首相は「派遣労働者の保護を図るという観点から日雇い派遣を原則禁止、派遣元に対して登録型の派遣労働者の常用化に努めるよう義務を課す。違法派遣を行った派遣先に労働者の雇用を勧告する制度を創設するなど改正法案を提出している」と答弁した。

この答弁は用意されたメモを読み上げただけのものであるが、その内容はこの国会に政府が提出している労働者派遣事業法の一部改正法案の要旨を、実に的確かつ優等生的に表現したものである。これだけ聞くと、この改正案で問題が解決するかのような印象を与えるが、実際はそうではない。

この派遣法の改正を巡っては、日雇い派遣の禁止や登録型派遣の規制のあり方、「二〇〇九年問題」（製造業派遣の受け入れ期間が〇七年に一年から三年に延長されたため、〇六年から働き始めた派遣工員の契約期間がいっせいに切れ、「雇い止め」が大量に増えると見られた問題）への対応など数多くの課題があったが、〇八年の一年間をかけて賛否の議論を重ねた末に、ようやく同年一一月に労働政策審議会の建議を経て改正案の提出にこぎつけた〝曰くつき〟のものである。

しかも、この改正案そのものに対しては、それぞれの立場から多くの問題点が指摘されている。とりわけ連合や派遣労働問題に取り組んでいる運動団体からは、派遣会社に登録した人が仕事のあるときだけ派遣される「登録型派遣」の規制を見送ったことに対して非難が集中している。これらの人たちは、「登録型派遣」はいつ仕事を失うかわからない不安定雇用だ、として廃止を主張している。与党が「三〇日以内の短期派遣のみを禁止する」とする改正案を支持しているのは当然だが、野党のうち社民・共産・国民新党が原則禁止なのに対して、民主党が「二カ月以内の派遣は禁止」という政府・与党に近い対応を表明しており、野党案一本化の雲行きがおかしくなったこともあった。

また、連合傘下の労働組合、とりわけ派遣労働者を組織している組合の中からは、二八〇万人もいる登録型派遣労働者に対して、働くことを制限したり禁止したりしたら、この人たちの雇用機会を狭めることになる、という批判の声が上がり、必ずしも考え方が統一されているわけではない。

一方「日雇い派遣」に関しては、政府・与党と野党各党、それに連合、全労連、インディーズ系（独立系）労働組合も、原則禁止で一致しているように見えるが、同じように違和感を持っている組合もある。さらに、「年越し派遣村」をきっかけに急浮上した「製造派遣の禁止」についても、自民・公明・厚生労働省の間で対応が異なり、麻生首相が慎重なことから予断を許さない成り行きである。この点に関しては、野党各党もいち早く、「製造派遣禁止」で一本化されたように見えたが、連合内で製造派遣禁止に慎重な対応を求める動きがあり、これに民主党の一部有力議員が呼応するなど、これまた迷走している。

さらにまた、麻生首相が答弁で述べた、「派遣元に対して登録型の派遣労働者の常用化に努めるよう義務を課すこととしている」というのは、一般的には何を言っているのかわかりづらいと思われるが、実は今回の改正案の眼目ともいうべき重要な点である。今回の改正案では、厚生労働省は登録型の規制を見送る代わりに、派遣会社が長期の雇用契約にする「常用型派遣」の方向に誘導する条項を盛り込み、そういう労働者の場合は派遣先企業による受け入れ前の「事前面接」を認めることとした。その上、三年を超えて継続する派遣労働者への「直接労働契約申込義務」を免除するとしている。この点は財界、とくに派遣・請負業界からは大変な前進であると評価されている一方で、批判派の人たちからは「不安定雇用を長期に固定化する」という声が上がっている。

この労働者派遣事業法の一部改正法案を巡っては、各界で一八〇度異なる意見の対立があるばかりでなく、これまでの与野党、労使の対立構造とは異なる、それぞれの内部対立をも内包した構図になっている。だから、決着をつけようにも落としどころが定まらず、迷走を続けているのである。それは、政府・与党や各野党、経済界や労働組合、さらには派遣・請負の業界や労働者など、それぞれの立場からの利害と主張が交錯し、しかもこれまでのような与野党や労使の対立とは異なって、それぞれが絡み合っていることに起因している。

対立の四つの論点

各界の対立や絡み合いを個々に取り上げて解説すると煩雑になるので、ここではそれを理解する手がかりとして、派遣・請負政策を巡る各界の主張を一覧表にまとめてみた。派遣・請負問題を巡る論点は多岐にわたるが、ここではわかりやすくするため、「日雇い派遣禁止」の賛否と「登録型派遣」の是非、さらに〇九年に入って急浮上してきた「製造派遣禁止」の賛否の三つのポイントに絞った。それが図表２―１であるが、ここではこれから問題になるであろう

図表 2–1　派遣・請負法制への各界の政策

	日雇い派遣	登録型派遣	製造派遣	共同雇用責任
厚労省	×	○	○×	
自民党	×	?	×?	
公明党	×		×?	
民主党	×	?	×○	
共産党	×	▲	×	※
社民党	×	×	×	※
連合	×	×	×?	
全労連	×	▲	×	※
全国ユニオン	×	▲	×	
経団連	?	○	○	
小林良暢	○	○	○	※

○現行容認、▲原則禁止、×禁止、※新設

「共同雇用責任」についてのポイントを一つ加えてある。

第一は、今度の派遣法改正の焦点となった、日雇い派遣を認めるか否かの問題である。これには、当初は「規制強化」と言っていたところもあったが、現在はいずれも「禁止」と主張している。

この禁止派は、連合、全労連に民主、共産、社民の各党だが、民主党が一時「やや容認」するかのような姿勢に傾きかけてから野党内での足並みが乱れた。自民党は当初「なんらかの規制を必要とする」という表現で、実質的には容認しようという方向であった。しかし〇八年六月の秋葉原無差別殺傷事件で、犯人の男性が製造派遣で働いており、雇い止めへの不安心理が一つのきっかけになったと見られたことから、自民党も「禁止」に舵を切り、それによって公明党と足並みを揃え、厚労省をこの方向にリードしていった。これに対して、筆者は現行通り「容認」を主張するが、この考え方は少数派である。

第二は、登録型派遣の可否についてである。これについては、派遣を常用型の派遣についてのみ認めて、登録型派遣は禁止すべきだとする意見と、派遣の八割近くは登録型である現状では、禁止はかえって派遣労働者の雇用機会を奪うことになるので、それを容認する方が現実的であるとする意見が対立している。

前者の「禁止」を主張するのは社民党や連合で、「現状通り容認」は厚労省、経団連である。全労連や登録型の派遣労働者を組織構成員とする全国ユニオンが「原則禁止」としているのは、登録労働者自身の利益を考えると、登録型派遣の禁止が言うほどには簡単でないことを示している。

第三は、「年越し派遣村」を契機に突如として浮上してきた、製造派遣禁止の問題である。これについて、はっきり「禁止」と言っているのは、これを言い出した舛添要一厚生労働大臣と社民・共産両党、全労連などで、大勢は賛否がはっきりしない。厚生労働省も大臣と省内ではずれがあるようだし、連合も組織内に異を唱える産業別労働組合（産別）を抱えて、「禁止」で一本にまとまっているわけではない。各界ともに、まさに迷走している。

最後の「共同雇用責任」であるが、これは派遣元・派遣先の双方に雇用責任、安全配慮義務、社会保険などについて、それ相応の責任を負わせることを改正派遣法に新たに盛り込むという、アメリカのＰＥＯ（Professional Employer Organization：雇用代行業）にヒントを得た考え方である。とくに派遣先にもその責任を負わせようとするところが、これまでにない新しい考え方である。

この共同雇用責任は、これまで机上の空論でしかなかった。しかし、今回の〝非正規リストラ〟における、キヤノンやいすゞ自動車といった会社側の対応や発言を契機に、現実問題として浮上してきている。この考え方に立つのは、共産党、社民党、全労連など、そして筆者だけで、まだ少数派である。

このように、ポイントとなる三点を見ただけでも、各界各様にそれぞれが「禁止」だ、「容認」だと意見が分かれ、結果として派遣・請負政策は迷走してきているのである。しかも、それぞれの主張の背後には、その組織や団体の利害とエゴが錯綜している。結果として誰も派遣労働者や請負労働者の立場に立って考えていないから、迷走するのである。

そこで、次にこの迷走を生み出している代表的な政策主体の主張と、その背景を明らかにしたい。

2 議論を迷走させる〝戦犯〟たち

派遣・請負の本質論議から逃げる経団連

日本経団連は、〇八年末に「二〇〇九年版経営労働政策委員会報告」を発表したが、雇用の安定について当初の「雇用を最優先する」から「安定に努力する」へ表現をトーンダウンした。しかも、この経労委報告の記者発表は、例年は経労委委員長が行ってきたが、今回は大橋洋治全日空会長（経団連副会長）が急な体調不良で欠席して、焦点の雇用問題への対応の説明は事務局任せにした。また、御手洗冨士夫経団連会長は、この問題について正面から取り組もうとしているようには見えない。

しかし、経団連は一年前の「二〇〇八年版経営労働政策委員会報告」で、非正規雇用問題についてかなりのスペースを割いて書いていた。この時は、米国のサブプライムローン問題による金融危機の影響が大問題化する前で、多くの日本企業で〇八年三月期決算は二ケタ増益が見込まれていたこともあって、御手洗会長からの直々の指示で非正規雇用問題を取り上げることになったという。

「二〇〇八年版経労委報告」は、まず「全員参加型社会に関連して、いわゆる『正規』・『非正規』をめぐる議論について見解を明らかにしておきたい」として、わが国では非正規と呼ばれることが多い外部労働市場について、「バブル崩壊後に、企業が在籍者の雇用を維持するためやむをえず新規採用を手控えたことで、就職氷河期に拡大したという不幸な歴史を背負っている」と言っていた。

「不幸な歴史を背負っている」という、いかにも人ごとのような言い方は無責任の誹りを免れない。やむなく契約社員や派遣社員になって、いまだに「ロスト・ジェネレーション」などと言われている人たちにとってみれば、たまったものではない。

経団連も「当時の厳しい雇用情勢を反映して、処遇が比較的に固定的な『正規従業員』（フルタイム長期従業員）と、基本的に需給で決まる『非正規従業員』（期間従業員・パートタイム従業員・派遣社員等）との間で差があり、今も差が残っているのは事実である」と雇用格差を認めている。一方で、「フルタイムの長期雇用のみを理想型とし、その他の雇用関係・就労形態をすべてこれに収斂させていくことを目標として労働政策を展開していくことには無理があると言わざるを得ない」としている。

このあたりは、マスコミや労働組合の「正社員にせよ」という主張を意識したものであろうが、それならばどうすればいいのか、政策的提起が求められる。この点について、経団連は

「フルタイム長期従業員も、期間従業員・パートタイム従業員・派遣社員等も、それぞれ自らの選んだ職務を、胸を張り、誇りをもって勤めることができる社会を創ることである」と言う。そのため企業は、「パートや派遣社員から長期雇用への転換、仕事、役割、貢献度を基軸にした賃金制度を整備するとともに、透明度と納得性が高い評価制度を築いていく必要がある」としている。

この書きぶりは、いかにも通り一遍のきれいごとにすぎない。現在の具体的な論点、例えば登録型派遣や日雇い派遣を、経団連はどのようにしようとしているのか、その点についての具体的な言及は避けてばかりである。それでも〇八年の春は、まだ雇用にかかわる根深い問題である非正社員の問題に踏み込んで考えようとする姿勢が見受けられた。

しかし「二〇〇九年版経労委報告」は、非正社員の問題についての言及はほとんどない。「労働者派遣制度の適切な運用と見直し」という項のなかで、労働者派遣事業法の改正案が国会に提出されているとして、わずかにワン・パラグラフ、次のように触れられているだけである。

「労働者派遣制度は、労働力需給調整機能に加え、就業形態の柔軟性もあわせもつことから、雇用の創出・確保という点において重要な機能を果たしている。改正法が施行された場合には、派遣労働者の雇用安定に十分配慮しつつ、雇用情勢の動向に注意を払いながら、制度改正が過度に雇用の機会を減少させていないかなどの視点に立って影響を慎重に見極めていくことが求められる」

これでは、経団連は逃げてばかりで社会的な説明責任を果たしていないと批判されても仕方あるまい。

筆者は、非正規労働問題の調査で韓国を訪れた際に、韓国経営者総協議会でヒアリングをしたことがある。その時に、韓国で非正規比率がすでに五〇％を超えている現状に触れて、「非正規労働者がどうして必要なのですか」と質問した。これに対して、韓国経協の労使関係担当の常務理事は「国際競争、とくにアジアや中国などの低賃金国と価格競争をしていくためには、非正規労働者の活用が必要である」と率直に答えてくれた。

企業が、バブル崩壊後にこぞって「非正規」と呼ばれる外部労働力の活用を拡大したのはなぜなのか。筆者はグローバル化のなかでの国際競争力の維持のために、企業には企業のやむにやまれぬ産業・企業事情があったと理解しているが、経団連はどうしてそうした事情を率直に語り、理解を求めようとしないのだろうか。

日本の経団連に欠けるものは、この率直さと堂々とした自己主張である。これを主張したからといって、〝非正規リストラ〟で寒空に放り出された人や「ロスト・ジェネレーション」世代が納得するとは思えない。しかし、経団連がその意見を率直に語ることによって、この問題の根源がどこにあるのか、その解決の糸口を探すきっかけをつかむことができるのではないか。

かつて日本経営者団体連盟（日経連）の時代には、九五年に発表されたあの「新時代の日本的経営」のように、企業労務の立場から堂々と論陣を張っていた。しかし今の経団連は、例えば企業はなぜ登録型派遣や日雇い派遣を必要としているのか、この点についてはもっぱら逃げの一手で、堂々と論陣を張る気概が感じられない。逃げるだけならまだしも、派遣法見直しや非正規労働者保護、あるいは最低賃金引き上げなどの審議会の場では、ただ反対を貫くばかりの「抵抗勢力」になっている。

経団連に、労働者の立場に立てというのは無理な話である。経団連は経営者の代表らしく、企業の論理を真正面から主張すべきである。そうすれば、非正規労働者を巡る問題と本質的な論点が明確になり、ことが前に進むはずである。逃げてばかりで何も主張しない経団連が、この問題を曖昧にして、混迷を招く原因を作っている。

労・労対立を抱える連合

連合は、〇九年春闘を迎えて「物価上昇（〇八年度見通し）に見合うベースアップ」を求める要求方針をまとめた。連合がベアを求める春闘方針を掲げるのは、〇一年春闘以来八年ぶりで、物価上昇分は「一％台半ば」を想定している。過去一年、物価が上昇して個人消費が低迷してきたことから、賃上げで労働者の生活を維持し、内需拡大につなげる必要があり、そのためには、企業業績の悪化が広がるなかでもベア要求の姿勢を示すことが重要と判断したという。これに基づいて、春闘賃上げの相場形成に影響力をもつ連合傘下の自動車、電機などの有力産別も、「ベア要求四〇〇〇～四五〇〇円」を軸に春闘の交渉を続けている。

これに対して、日本経団連は世界的な景気後退を受けて急激な雇用情勢の悪化が見込まれるなか、雇用の安定を最優先するとして、「横並びに賃金の底上げを図る市場横断的なベースアップはあり得ない」と強く否定している。

ここまでは、賃上げを巡って毎年春になると闘わされる労使の主張のように見えるが、〇九年は少し様子が異なっている。

まず連合傘下で、非正社員たちが個人でも加入できる労働組合の全国組織「全国コミュニティ・ユニオン連合会」（全国ユニオン、組合員数約三八〇〇人）が、〇九年の春闘方針のなかで、連合の賃上げ方針に〝異論〟を唱えている。鴨桃代同ユニオン会長は「正社員、非正社員がともに『生きる、働く』を求める春闘にしよう」と呼びかけ、「正社員の賃金は据え置き、原資をすべて非正社員の雇用確保に充てる」としているが、この方が、〝非正規リストラ〟の最中の春闘方針としては説得力があるのではないか。

この連合と全国ユニオンとの考え方の違いは、一言でいうと正社員の立場に立つか、非正社員の立場に立つかの違いである。こうした溝は、労働者派遣事業法の問題を巡っても存在していた。

連合は、〇七年九月一三日に開催した第二五回中央執行委員会で、労働者派遣事業法の見直しが近いと見て、「労働者派遣法見直しに関する連合の考え方」を決定した。このなかで、連合は労働者派遣制度のあるべき方向は「常用型派遣を基本とした制度とする」とし、当面の対応として「一般業務については、登録型派遣を禁止する」との方針を改めて確認した。また、連合は〇八年一月二四日に開いた中央執行委員会で、「派遣法見直しに関する連合の考え方」の補強を確認し、「日雇い派遣（日々雇用の派遣労働者）は当然に禁止すべきである。日々雇いは、直接雇用で行うべきである」との方針を決めた。

しかし、この連合の組織決定に対して、連合のなかにも賛同しているわけではない組合がある。連合の構成組織のうち、例えばUIゼンセン同盟や電機連合の傘下組合など派遣労働者を組織する組合は、この連合の方針に強い違和感を抱いている。また、派遣労働者を組織構成員とする全国ユニオンも、登録型派遣を「原則禁止」（一時的・臨時的には容認）としている。

今回の派遣法改正に先立って、〇八年の二～七月にかけて厚労省の「今後の労働者派遣制度の在り方に関する研究会」が行った各界からのヒアリングでも、日雇い派遣の禁止を巡って、その禁止を主張する連合と、容認の意見を述べた人材サービスゼネラルユニオンとの間の意見の対立が鮮明になった。

派遣労働者を組織しているこれらの組合は、登録型派遣や日雇い派遣の現実を認めた上で、これらの労働者の雇用と処遇の改善に取り組んでもらいたいと主張するのである。きわめてもっともな言い分ではないだろうか。また、「製造派遣禁止」を巡っては、自動車総連が賛成しているが、UIゼンセン同盟や電機連合が反対の動きを示すなど、連合内も一本にまとまっているわけではない。ここには、派遣を巡る労・労問題がある。

このように、口で登録型派遣や日雇い派遣の禁止を主張するのは簡単であるが、実際に派遣労働者を組織内に抱える労働組合は、それら当該の派遣労働者の利益を考えると、軽々に禁止とは言えないのである。

連合は、雇用の基本原則として「期間の定めのない直接雇用であるとの原則を打ち立てるべきである」とし、労働者派遣制度は「臨時的・一時的な労働力需給調整制度」であり、「常用代替防止」の観点から、派遣は専門性のある業務に限定し、正社員化が望ましいとしている。こうした考え方は連合に限らず、わが国の労働組合では大勢である。

ここで言う「常用代替防止」とは、一般の読者には聞き慣れない言葉かと思われるので、説明を加えたい。企業が派遣・請負などへの切り替えを際限なく進めると、「正社員の雇用が奪われて全体の雇用環境が劣悪化する」ので、それを防止しなければならないという考え方である。一見、もっともらしい言い方ではあるが、「雇用環境が劣悪化する」のは正社員の雇用環境のことで、もともと劣悪な環境に置かれている非正社員から見ると「雇用環境が劣悪化する」と言われても、ピンとこないのではないか。連合の常用代替防止という論理は、非正社員のことをよくわかっていない理屈だ、と思われるだけである。

連合が派遣問題の非正規雇用政策の旗を振ると、このようにクエスチョンマークをつけて見られるのは、正社員を構成員とする「本工（正社員）労働組合」としてはやむを得ないことである。だとすると、連合は「全労働者」の立場というような言い方はやめにして、まず「本工」の立場であることを堂々と宣言してはどうか。非正社員との立場の違いを明確にした上で、共通点を見つけ出し、自らができることだけに限定して発言し、取り組むことに力を傾注する必要がある。これが、派遣・請負などの非正規雇用問題を巡る混迷から抜け出す第一歩ともなろう。

正社員化という「虚構」のマスコミ論調

派遣・請負労働が今日のように社会問題として大きく注目を浴びるようになったのは、朝日新聞が〇六年七月三一日付の朝刊で、キヤノンやパナソニックなどの「偽装請負」の実情を報じてからである。「偽装」については後で詳しく説明するが、事実上、労働者派遣を受けているにもかかわらず、使用者責任を逃れるために形式的に「請負」であると偽っていた、というのが記事の内容である。またこれと同じ月に、NHKが「ワーキングプア～働いても働いても豊かになれない」というドキュメンタリー番組を放映したことが、派遣と貧困を結びつけて、世の中の問題意識を喚起することになった。

この朝日新聞の記事がきっかけとなり、製造請負業界では業務委託契約を「請負」から「派遣」へと切り替える動きが広がった。さらに朝日新聞が追及報道を続けた業界最大手のクリスタルはグッドウィルに吸収され、そのグッドウィルも二重派遣や違法派遣で行き詰まり、一部を業務停止するまでに至ったのだから、その衝撃はメガトン級のものであった。筆者は、こうした一連の朝日新聞の報道が派遣・請負業界に与えた影響を「七・三一ショック」と名付けた。

それから二年半あまり、新聞各紙、テレビ、週刊誌や総合雑誌が軒並み「働く貧困」と「雇用格差」の問題を大々的に取り上げ、社会問題にまでなっている。その結果、朝日新聞とNHKの報道の直後に発足した安倍内閣は「再チャレンジ」を政策に掲げ、またその後の福田内閣もフリーターや日雇い派遣対策に力を入れるようになった。現在の麻生首相も、格差問題は重要な課題だとしているのだから、その功たるや非常に大きなものがある。

しかし、反面では罪もあった。朝日新聞とＮＨＫというメディア界の二大メジャーは、非正規雇用問題の告発・啓発はしたが、それが情緒的な域に留まり、その問題解決という点でかえって世間の関心を問題の本質から遠ざけてしまったのである。

正社員と非正社員との雇用格差をどのように解決するのかという点に関しては、新聞論調も二つに分かれる。朝日新聞は社説で非正社員を「正社員化」せよと主張しており、[1]日本経済新聞はむしろ正規と非正規の均等待遇や非正社員の法的保護が必要だと主張している。[2]その他新聞やテレビ、週刊誌などは、どちらかというと朝日新聞のような姿勢が多数派であると言えよう。

筆者はなにも、「新聞は禁止と容認の中立的な立場に立て」と言っているのではなくて、どこに問題の核心があるのか、そういう報道を、読者なり視聴者なりに提供し、現実的な判断ができるようにすべきだと言っているのである。

たとえば、「日雇い派遣＝ネットカフェ難民＝ワーキングプア」という画一化された報道があまりにも多すぎる。こういう報道ばかりに触れていると、人々は派遣労働者はすべてワーキングプアだという幻想に陥ってしまうのである。

厚生労働省が、「ネットカフェ難民、全国で五四〇〇人」という調査結果を発表したことがある。[3]正式には「住居喪失不安定就労者等の実態に関する調査」と言い、おそらくネットカフェ難民自身も「住居喪失不安定就労者」というのは自分のことだと気づかないくらい、いかにもお役所的な調査名だが、新聞・テレビにかなり大きく取り上げられた。

この調査が発表されたときに、この五四〇〇人という数字を見て、筆者はやはりこのくらいの数か、という感じを受けた。というのは、筆者はかねがね「日雇い派遣＝ネットカフェ難民＝ワーキングプア」と言うが、仮に日雇い派遣労働者がみなネットカフェで寝泊まりしようとしたら、全国のネットカフェを集めても入りきらないのではないかと、疑問に思っていたからだ。日雇い派遣は一〇万人から二〇万人といわれるから、そのうちネットカフェで寝泊まりしているのは二・七〜五・四％にすぎない。しかし、新聞、テレビは、この五四〇〇人という数字だけを取り上げて「日雇い派遣というのはネットカフェで寝泊まりするものであり、そういう人たちがこんなにたくさんいる」という報じ方であった。もちろん、五四〇〇人という人数が少ないわけではないが、あまりにも偏った報じられ方ではないか。

さらにこの時、厚生労働省は同時に「日雇い派遣労働者の実態に関する調査」を実施しており、ここには重要な「ファクト・ファインディング」（事実発見）が一つあった。それは、日雇い派遣労働者に今後の働き方の希望を聞いたもので、「日雇い派遣のままでよい」と「パートや契約社員などその他の非正社員（になりたい）」を合わせると六〇％に及び、「正社員になりたい」と答えたのは三〇％にすぎなかった、というものであった。この事実を、厚労省がどのように記者発表したのかは知らないが、ほとんどの新聞、テレビがこの事実を伝えなかったのは確かである。

この事実は、非正規労働者一八〇〇万人を「正社員化せよ」という主張が、いかにリアリティのない話であるかを物語っている。派遣社員や契約社員で働いている人たちが求めているのは、必ずしも正社員になることではない。例えば時給を上げる方策とか、雇用契約期間を長くするとか、社会保険への加入をどう促進するかといった現実的な改善策が必要なのであって、これが派遣・請負問題の核心であるはずだ。

正社員化という「虚構」にはまり込んでしまったマスコミ論調が、問題の本質をずらして迷走させる一因となっているのである。

厚生労働省の「告示・裁量」行政

〇七年から〇八年にかけて、厚生労働省は日雇い派遣大手のフルキャストとグッドウィルに対して、相次いで業務停止命令を発した。両社ともに現行法に違反したのだから処罰を受けて当然であるが、業界内では二カ月の業務停止命令は厳しすぎるのではないかという声が聞かれた。同じ厚労省が所管する食品安全法や安全衛生法の違反案件の業務停止期間に比べても異常に長く、業界内からは「日雇い派遣」に対する一罰百戒的な裁量行政ではないかという声が聞こえた。

また、前述のキヤノンやパナソニックなど日本を代表する大企業の「偽装請負」は、社会問題にまでなったが、この「偽装」とは、いったい何を「偽装」し、いったいなんの法律に違反したのだろうか。労働者派遣事業法だろうか。この問題が表面化して以降、派遣・請負業界の人たちや労働法の専門家の人たちと話をしていると、「告示三七号」という、一般人には聞き慣れない言葉がよく出てくる。

大企業が犯した偽装とは、この告示三七号に違反したというのである。では、これだけ世間を騒がすもとになった告示三七号とはなんだろうか。

九九年と〇四年の労働者派遣事業法改正で、工場の製造工程業務に関しても労働者派遣が段階的に可能になった。この労働者派遣の全面的な自由化により、それまで製造現場で一般的に行われてきた「業務請負」と「労働者派遣」との区別の基準について、改めて明確に指し示す必要が出てきた。

というのは、「派遣」は派遣法の労働者保護規定が適用されるが、「請負」の場合はそれを免れることができる。その抜け穴を防ぐために、厚生労働省は業務請負会社が行う請負事業が適正なものか、派遣事業に該当するものかどうかを見分ける「労働者派遣事業と請負により行われる事業との区分に関する基準」を作った。それは派遣法本則の規定ではなく、労働大臣の権限で出すことのできる「告示」で行った。これが「労働省告示三七号」である。

そのなかで、労働者が派遣先で仕事をするときに、「請負業者が直接指揮監督を行う」という点が最も重要なポイントになる。「受け入れ企業側の人が指揮命令」をした場合は、派遣ないしは労働者供給事業と見なされ、請負とは認められなくなるのである。

キヤノンやパナソニックなどは、派遣事業の規制を免れるために、請負と偽装して告示に違反したというのである。これだけ社会問題になるような重要な点が、なぜ法律の本則でなく告示で定められているのか。告示は国会による法改正の必要ない裁量行政で、派遣法にはこれが多すぎる。厚生労働省の派遣・請負行政には、こうした派遣法本則にない「告示・裁量」が多いが、これが問題を迷走させる原因の一つとなっている。

何が非正規労働者の利益になるか

以上のように、政府や経営団体、あるいは労働団体やマスコミが、それぞれの立場から雇用格差の問題に発言したり関与したりしているのは当然のことである。しかし、それぞれが建て前論に終始して、きれいごとだけで済ませているために、率直な議論がなされず、結局は問題の本質を覆い隠してしまっている。何が派遣・請負労働者の利益になるかという、もっとも基本的で重要な視点を見落としてしまっているのだ。だから迷走するのである。

この迷走からの突破口は、もう一度派遣労働者や契約社員、期間社員などの立場に立って、その利益の最大化を考えることから出発する以外にはない。

注

1 朝日新聞社説「正社員化を進めよう」（二〇〇八年八月二五日付）、「受け入れ側の責任を問え」（二〇〇六年一〇月一五日付）

2 日本経済新聞社説「多様な雇用形態認める労働契約法めざせ」（二〇〇六年一一月五日付）

3 厚生労働省「住居喪失不安定就労者等の実態に関する調査」および「日雇い派遣労働者の実態に関する調査」（二〇〇七年八月）

第3章

「非正規一八〇〇万人」時代の雇用改革

1　格差社会の根源は「雇用格差」

構造改革が格差を生んだのか

「格差社会を生み出したのは小泉構造改革だ」と言う人が多い。国会で野党議員が「格差問題」を取り上げて質問するときには、必ずと言っていいほど「小泉・竹中改革から」という枕詞から始まる。

これは、なにも国会の質疑に限ったことではなく、新聞や雑誌も、またテレビもそうである。何か話をするとき、あるいは文章を書こうとするときには、その問題の常套句のようなフレーズを使って始めるのがもっとも便利なものだから、世の中の悪いことはなんでも「小泉・竹中改革から」ということになるのだろう。

二〇〇八年の秋、世界大不況の再来が騒がれ始めた頃に、テレビに出演した竹中平蔵氏に、キャスターが「この世界経済危機を作った元は小泉・竹中の金融改革だと言われている」と迫ったら、竹中氏は「私たちには、そんな世界を動かすほどの力はありませんよ」と、苦笑いをしながらかわしていた。

なんでもかんでも小泉・竹中改革のせいにする風潮はともかくとしても、それが格差社会を作り出したという点に関しては、筆者は前々から少なからず疑念を抱いていた。ちょっと考えればわかることだが、小泉政権は〇一年四月から〇六年九月までであるから、筆者は「格差問題の元にある派遣にしろ請負にしろ、小泉・竹中構造改革の以前からあったものだ」という趣旨のことを書いたり、言い続けたりしてきた。

そう言うと、今度はその元を作ったのは、一九九九年の派遣法改正によって対象業務がネガティブリスト化（原則自由化）されたことであると言う。いや、派遣や請負はもっと以前からあったと言うと、今度は九五年の日経連による「新時代の日本的経営」を持ち出してきて、これが元凶だと言う。しかし、財界でも労働界でもそうだが、中央の上部団体やナショナルセンターが政策や方針を打ち出したからといって、その組織の会員企業や傘下組合がその通り動くかというと、そんなことは絶対にない。こうした政策方針というものは、いつも下部の企業や労働組合で起こってしまった既成事実を後追いしているにすぎないのである。

日経連の「新時代の日本的経営」も、その頃すでに始まっていた「雇用のアウトソーシング化」という企業施策を追認したものである。また、九九年の派遣法改正にしても、派遣がそれまで認められていた二六業務以外の業務にまで広範に広がり、またもっとも慎重に扱われてきた製造工程業務についても製造請負という形態の〝派遣〟が広がり、これも現実のものとしてそのまま後追いしたにすぎない。もともと禁止といっても、何か合理的な理由があって派遣業務を二六業務に線引きしてきたわけではない。だから、新たなニーズが登場してくれば、それに合わせて認めざるを得なかっただけである。小泉・竹中構造改革は、その流れに乗って規制改革を進めたにすぎず、それを犯人扱いするのは本末転倒の議論である。

なぜ九〇年代に派遣・請負などの非正社員が急拡大したかについては、グローバリゼーションの進展という世界的な視野、とりわけ東アジアの経済・産業の発展段階のなかで捉え直す必要があるが、これは本章の趣意ではないので、改めて第9章で触れることにする。

格差社会を何で実感したか

現実の日本社会が「格差社会」かと問われれば、間違いなくそうである。では、一般の人びとは何をもって「格差」を実感したのだろうか。

厚生労働省調査によると、〇五年に「ジニ係数」が〇・五五に達し、所得格差が過去最高になったという。学者や研究者は、「ジニ係数」が〇・三を上回ると所得格差が顕在化すると言う。「ジニ係数」の〇は「完全平等」で、一ならばすべての所得が一人の富者に独占されている「完全不平等」、真ん中の〇・五でもおよそ二五%の富裕層が七五%の所得を占有している状態だと説明されている。しかし、これでは世間一般の人びとには、いま一つ格差の実感が湧かないだろう。

また、平均所得世帯の半分以下の所得しかない世帯は「貧困世帯」と定義されており、これによると日本はすでに約二〇％が貧困世帯だという調査もある。ちなみに米国では「栄養に不足のない食事の費用の三倍以下の年収」を貧困層だと定義している。

しかし、世間一般の人びとはそんな定義に基づいて「格差」を感じているわけではないだろう。もっと身近なところで「格差社会」を実感しているはずである。では、何をもってそれを実感したのであろうか。

それは、高度成長期に形成されたわが国の分厚い「勤労中流層」――それを年収で表すと、おそらく年収三〇〇万円から一〇〇〇万円の中流層となるだろう――その中流層のなかでも下の方の層が、年収ベースで一〇〇万円ほどダウンして、三〇〇万円以下の「下流層」に転落したという現実を目にしたからである。

しかも、その一〇〇万円ダウンが雇用の「非正規化」を通じて進行している。それが自分の息子や娘、あるいは親戚や周辺にいる若者のなかに多数見られるようになり、また職場でも短期雇用で働く若者が増えている現実を見て、人びとは格差を実感するようになったのであろう。そして、これをこのまま放置すると、格差が定着してしまい、本当の「格差社会」になると危惧するようになった。

日本が九〇年代後半から二〇〇〇年代に入った頃は、ちょうど「団塊の世代」と言われた世代の子供たちが労働市場に登場してきた時代であった。この団塊の世代たちのなかには、この時期にリストラの嵐に見舞われて厳しい目に遭った人たちが少なからずいたが、それでもこの世代は、総じて長期の安定雇用のメリットを享受してきた人たちである。一方、彼らの子供たちの世代の雇用たるや、長くて一～三年、通常は三カ月や六カ月、さらには一カ月、なかには一日単位の細切れとなってしまった。団塊世代の親の目には、なんとも不安定に映り、しかもその賃金がワーキングプアと言われるほどの低賃金と聞けば、いやでもその「格差」を実感せざるを得なかったのである。

貧困問題の大半はお金で解決できる

「格差社会」の根源は「雇用格差」にある。しかも派遣労働者や請負労働者、契約社員などの非正規労働者が、正社員に比較して、雇用保障や処遇、賃金の面で著しく劣っていることが、その「格差」の元になっている。

〇五年前後から、格差社会を扱ったいわゆる「格差本」が数多く出版され、書店に行くと、これらの本を並べたコーナーを設けているところもある。しかし、格差社会を扱った本の嚆矢《こうし》は、なんといっても九八年に出版された橘木俊詔氏の『日本の経済格差―所得と資産から考える―』（岩波新書）と、〇三年の森永卓郎氏の『年収三〇〇万円時代を生き抜く経済学』（光文社）の二冊であると思う。この時代の格差研究は、主に学者・研究者や雇用労働関係のエコノミストの間では強い関心を呼んだが、一般には限られた人たちの関心を惹くに留まっていた。しかし、二〇〇〇年代の半ばを過ぎる頃から出された「格差本」は、その書き手が弁護士やジャーナリスト、ライターなどにも広がりを見せ、〇五年頃からは若手のフリーライターや作家、評論家と称する若者たちが登場するに至り、その出版点数は飛躍的に増大した。

今、どのくらいの「格差本」が出版されているのか数えたことはないが、私の本棚にあるだけでもゆうに七〇冊を超えるから、その倍以上はあるのだろう。これらのすべての「格差本」を精読しているわけではないが、それらの多くは派遣や請負労働者の負の側面のみを情緒的に強調したものが多いようである。

そんななかで、赤木智弘氏の著作『若者を見殺しにする国』が「雇用格差」を考える上で、本質的な問題を提起しているように思える。[1] 同氏はこの本のなかで、格差問題の本質は「既得権益化している正社員」と「不当に搾取される非正社員」との間の「労働者間不平等の問題」だと指摘している。

興味深いのは、経済財政諮問会議の八代尚宏前民間議員も、「合理的な説明を超えた厚遇を得ている正社員」という表現で同趣旨のことを発言しており、また「日本的雇用慣行は『平等な働き方』と言われるが、それは正確には、すでに雇用された正社員の間だけのことであり、その背後には、不況期に正社員の雇用を守るためには非正社員の雇用契約を打ち切ることが不可欠という格差が存在していることが忘れられている」と言っている。[2]

正規と非正規の処遇上の格差について、この国の労働市場を冷静に分析していくと、赤木氏や八代氏の言うようなことになるのである。

ところで、赤木氏が三一歳のフリーターと称して、「論座」〇七年一月号で「丸山眞男をひっぱたきたい」でデビューしたとき、「希望は戦争」と言ったために波紋を呼び、一部論者から批判を浴びた。しかし、これは彼独特のレトリックでおじさんたちをからかっただけだと思うのだが、その空気を読めないで大まじめに批判を繰り広げた、大人げない大物文化人たちがいた。赤木氏の格差問題に対する本質的な問題提起も、この知識人たちのおかげで、本質からずれてしまったと筆者は見ている。

そこで赤木氏が主張した要求は次の一点、「ちゃんと金をくれ」ということだけである。非正社員たちは、正社員に登用してくれとか、日雇いや登録型の派遣を禁止せよと言っているわけではない。同氏の「貧困問題の大半はお金で解決できる」という考え方は、かねてからの筆者の主張とまったく同じである。

2　「正社員」と「非正社員」を隔てる壁

見えづらい格差の実態

「厚遇を得ている正社員」と「不当に搾取される非正社員」との間を隔てる格差は、現実に存在するにもかかわらず、外目にはわかりにくくなっている。

そこで、図表3―1を見てもらいたい。この図の大きな楕円は、一つの会社、一つの工場、あるいは一つのオフィス、一つの店舗と考えてもらえばいい。そのなかで従業員が仕事をしているが、そこには正社員ばかりでなく、パートタイマーや契約社員、それに期間工がそれぞれの仕事に従事している。これらは会社が自ら雇用した直接雇用者であるが、最近では外から他社の請負労働者や派遣会社に登録しているスタッフの人たちが、派遣や請負という形で工場内や店舗内に入って仕事に従事している。そして、真ん中には正社員がいる。かつてはほとんどが正社員であったが、次第に非正社員の割合が高まり、正社員は真ん中に少しばかり残るのみ、というところも現実にはある。

厚生労働省の「平成一九年就業形態の多様化に関する総合実態調査」の事業所調査（図表3

図表3-1　多様化する企業の従事者

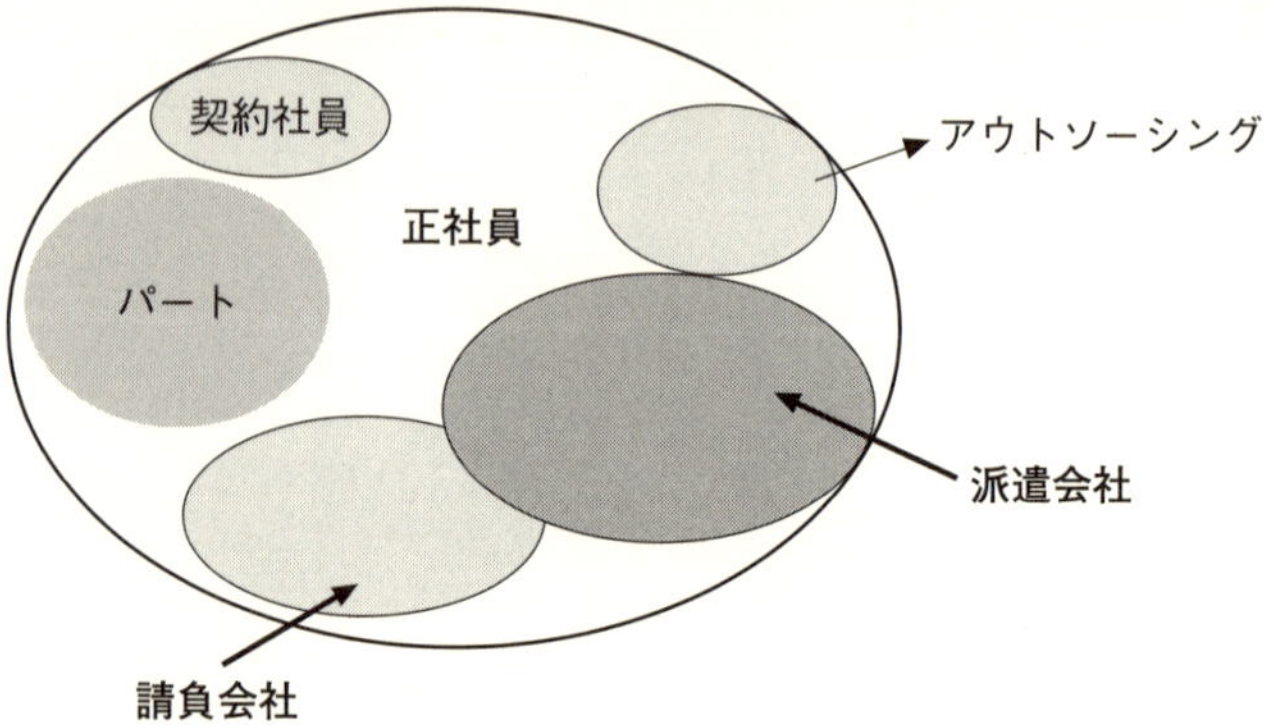

―2）によると、就業形態別の労働者の割合は、「正社員」が六二・二％（前回六五・四％）、正社員以外の労働者、すなわち「非正社員」が三七・八％（前回三四・六％）となっている。非正社員の雇用形態別内訳は、パートタイム労働者が二二・五％、派遣労働者が四・七％、契約社員が二・八％になっている。就業形態ごとに男女別の割合を見ると、正社員で男性七一・六％、女性二八・四％となっているのに対し、非正社員では男性三七・二％、女性六二・八％と、女性の割合が高くなっている。とくにパートタイム労働者では男性二六・五％、女性七三・五％と、女性の割合が圧倒的に高い。

　また、正社員・非正社員の労働者の割合を産業別に見ると、非正社員の割合が最も高いのは飲食店・宿泊業で六八・七％、次いで卸売・小売業の四七・八％、サービス業の四五・七％、教育・学習支援業四四・

図表3-2　就労形態別の正規・非正規労働者割合

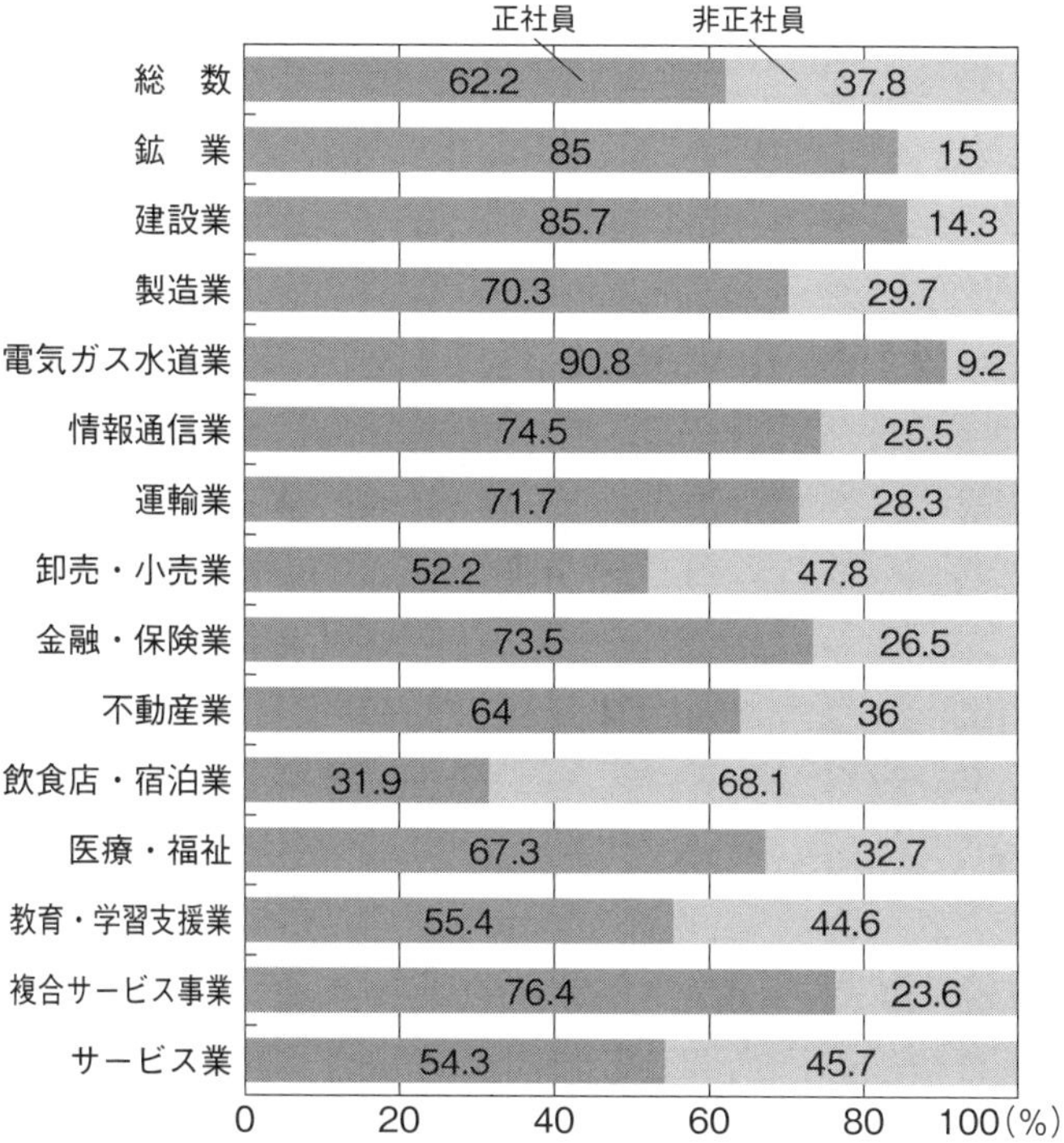

出所：厚生労働省「平成19年就業形態の多様化に関する総合実態調査」

六%が続いている。パートタイム労働者では飲食店・宿泊業、卸売・小売業の二産業で、派遣労働者では情報通信業、製造業、金融・保険業で、契約社員では教育・学習支援業、情報通信業で、それぞれ他の産業に比べて割合がとくに高くなっている。

このように、全体に非正社員が占める比率は四割近くに至っており、飲食店・宿泊業の非正規比率は七割近くに達している。卸売・小売業は五〇％程度だが、これは卸売業を含めた流通業の平均で、大手スーパーマーケットではやはり非正規が七～八割を占めている。製造業に関しては、この統計では非正規比率は三割程度となっている。

製造派遣については、周知のように九九年までは完全に禁止されており、〇四年まで規制されてきたが、それでも九〇年代から「請負」という形で実質的に派遣が行われていた。この実態を初めて明らかにしたのは、電機連合の調査であるが、この調査は技術的に世界最新鋭の「先端工場」ほど請負比率が高いという重要な事実を発見した。[3]

その後、〇一～〇二年の不況を脱して、日本経済がようやく上向きに転じた〇四年頃から、先端企業が国内工場を新設・増強する「国内回帰」が話題になった。このきっかけは、シャープの亀山工場の操業開始であったが、〇四年から〇五年にかけて大分キヤノン、ソニーEMCS、トヨタ自動車九州など、世界的な最先端工場の「国内回帰」が相次いだ。

当時、筆者はこれらの国内回帰の新鋭工場について、技術的に最先端というよりも、雇用の面で最先端であると論評していた。[4] 何が最先端なのかと言うと、これらの工場で共通した特徴は、非正規比率がきわめて高く、雇用流動化の最先端工場であるということであった。

その様子をまとめたのが、図表3―3である。一見してわかるのが、正社員と派遣・請負社員を合わせた全従事者に占める非正社員の比率の高さで、ダイハツ車体、トヨタ九州の二〇～

図表３−３　「国内回帰」と言われた頃の大工場の派遣・請負比率

企業名	工場	稼働時期（年.月）	正社員（人）	派遣・請負等（人）	非正規比率（％）	出所
シャープ	亀山	2004.1	4200	3000	41.7	ものづくり白書2007
キヤノン	マテリアル・大分等	2005.1	2500	2500	50.0	朝日新聞04.11.23
ソニーEMCS	美濃加茂テック	2005.3	1200	2600	68.4	日経ビジネス05.7.18
東芝	四日市	2004～06	3203	2136	40.0	電機連合調査時報09.2
パナソニックプラズマディスプレイ	尼崎工場	2005.9	250	900～1000	78.3～80.0	asahi. com 06.8.2
ダイハツ車体	中津工場	2004.12	700	300	30.0	県議会の商工部答弁
トヨタ自動車	トヨタ自動車九州	2005.9	8500	2700	24.1	日経ビジネス08.2.18

三〇％程度は低い方で、四～五割が平均的、なかには七～八割が非正社員というところもある。

この国内工場回帰の始まった〇四年は、派遣法が改正され、製造派遣が全面的に解禁された年である。新設工場で新たに従事者をそろえるとなると、変貌する当時の雇用状況に沿った形態になるのは、むしろ自然の流れであった。これらの、世界市場に向けた工場を国内回帰させるには、外部環境の激変リスクに備えて雇用を柔軟化しておくことが必要不可欠だったのである。

今、〝非正規リストラ〟で話題になっているのが、この表に掲げた工場であるのはそのためだ。世界市場の激変が起こったために、その備えとしていた柔軟な雇用を整理したのだから、ある意味、当然の帰着とも言える。しかし、それにしてはその時の危機管理をどうするのか、その点について国も企業もきわめて準備が不十分だったのではないか。

もう一つの問題は、工場でも店舗でも、非正社員なくしては動かなくなっているにもかかわらず、一緒に仕事をしていても、当事者である非正社員の人たちにとって、いくら説明されても納得しがたい不合理な、正社員と非正社員の間を隔てる「壁」が、雇用の面でも労働者保護法制の面でも残されたままになっている、ということである。

「壁」を隔てる雇用格差

なぜ、そうなるのだろうか。現行の労働者保護法制というものは、一日八時間、週五日、一カ月で二〇日、年間で二三〇日間働く労働者を保護することしか想定していない。それが労働基準法の基本である。

しかし近年では、一日八時間ではなく、四〜五時間働きたいとか、あるいは週五日ではなく三日間働きたい、またある数年の間だけ育児や介護、あるいはサバティカルなどで働き方を変えたいと思う人が男女問わず、多数出てきている。ところが、サラリーマンやＯＬがこういう働き方を選択しようとすると、現状ではたちどころに非正社員と呼ばれる存在に〝転落〟してしまうことになる。

しかも、パートタイマーや派遣、請負、さらには日雇い派遣などの様々な非正規労働者が多数出てくるというのは、労働基準法がまったく想定していなかったことで、現行の保護法制では対応できないのである。

そういう意味では、非正規労働者を全般的に保護する法制はないのである。これまでにも、港湾労働法や建設労働法、さらには家内労働法などの労働者保護法があったが、ごく限られた特定の労働者を特別に保護するというもので、一般的な非正規保護法は存在しない。

「派遣法があるではないか」と言う向きもあるが、派遣法は労働者派遣事業法であり、事業者を規制する事業法である。事業法にしては労働者保護規定がかなり入っているとはいえ、十分ではない。さらに、パート労働者保護法は、保護法としては画期的なものであるが、均等化規定が正社員に限りなく近い人たちにしか適用されないなどの問題点が残っている。

「労働ビッグバン」とは、こうした雇用の多様化に合った形で処遇の均等化なり労働者保護なりを図るための法的整備をするものだ。筆者も参画した経済財政諮問会議の労働市場改革専門調査会は、こうした正規・非正規の労働者を隔てる壁に風穴を開け、正社員も非正社員も共通のルールを作ろうというものであった。

日米欧の派遣労働

〇八年来の〝非正規リストラ〟から「派遣村」を巡る論議のなかで、テレビの討論番組などでEU諸国と日本の派遣労働者の比率を表したフリップを掲げて、日本の雇用市場における派遣労働者の比率をここまで高めてしまったことが問題だ、とする指摘をよく見かけた。雇用者全体に対する派遣労働者の比率だけをとって比較すると、図表3—4に見るように、日本が高いことは確かである。しかし、各国の雇用構造や雇用慣行の差、派遣労働の定義の仕方の違いもあり、一概に良い・悪いとは言い切れない面もある。そこで、主要国の派遣制度の概要を一覧表にまとめてみた。

例えば、日本の派遣労働者比率は六・四%と高いが、これは一日八時間で一年間働いたとして「常用換算」したもので見ると三・〇%になる。各国の数字が、派遣した人数か、それを「常用換算」した数字か、そこがはっきりしないので、比較そのものが難しいのである。

また、いわゆる非正規労働市場には、各国それぞれ違いがあるので、派遣労働者だけを取り出して比較するのは現実的でない。例えば、アメリカの派遣労働者数は一二二万人とあるが、これは派遣会社から賃金が支払われている労働者のことである。この他に請負労働者（八一万人）や、オンコール労働者（日本でいえば登録型・日雇い派遣も含む、二四五万人）は、派遣先から給料を支給されている。さらに、このほかに独立契約労働者もいたりして、どこま

図表 3-4 派遣制度と派遣労働者比率の国際比較 (2005～2006年)

	派遣事業規制および派遣期間	最近の動き	派遣労働者数（派遣労働者比率）
アメリカ	連邦法レベルは規制なし 派遣期間の制限なし	一部州レベルで届出・登録	122万人（1.1%） 人材派遣労働者245万人（2.4%）
イギリス	農業、食品加工を除いて許可制 派遣期間の制限なし	2003年に期間規制を全面自由化し、派遣労働者の権利拡充	143万人（4.5%）
フランス	事前届出 派遣期間の上限は原則18か月 更新は1回まで	恒常的業務の派遣労働の利用は禁止、均等原則、2005年派遣失業者の職業紹介の解禁	約59万人（2.4%）
ドイツ	許可が必要。 適用除外業務（建設）以外は24か月	2002年に派遣期間の上限規制の撤廃とともに、均等待遇原則の義務化	約40万人（1.3%）
日本	常用雇用型は届出制、登録型は許可制 26専門業務等はなし それ以外は最長3年		320万人（6.4%） 常用換算では152万人（3.0）

出所：労働政策研究・研修機構「データブック・国際労働比較」（2008）、雇用能力開発機構・国際労働財団「非正規雇用者の雇用管理と能力開発に関する国際比較調査」（2007年）をもとに筆者が加工して作成

でを派遣に含めるかによって数字が異なってくる。また、外国人労働者が雇用統計にどの程度反映されているのかも問題である。

したがって、派遣労働者比率を比較して高い・低いといってもあまり意味がなく、むしろ図表の中央の欄の派遣法制の「最近の動き」の方が

重要である。とくにヨーロッパにおいては、派遣労働など雇用形態の多様化・柔軟化を推進していく大きな流れに沿って、賃金や労働条件などの均等待遇や職業訓練、就業支援を拡充する動きが顕著である。

ところが、日本では「正社員が望ましい」とする考え方が強すぎて、派遣労働は臨時的・一時的なものに極力限定していこうという動きも見られる。結果として、派遣労働者の権利や待遇を均等化していこうとする動きが、ややもすると停滞してしまう傾向にある。

やはり、日本も派遣労働などの非正規化の大きな流れを、現実のものとして認めた上で、この問題を考える段階にきているのである。

3 雇用格差解消への処方箋

二分法的な対立では、問題は解決しない

では、雇用格差の問題をどう解決するか。話は単純である。非正社員の年収がおよそ一〇〇万円ずつダウンして「プア」になってしまったのだから、逆に一〇〇万円ずつ増やせばいいだけの話である。

こうすれば、例えば夫の年収一五〇万円、妻の年収が一〇〇万円という、世帯年収合計二五〇万円の「ワーキングプア」にあたる共働き夫婦でも、二人の年収が一〇〇万円ずつ増えれば、夫二五〇万円・妻二〇〇万円の四五〇万円の世帯年収となり、立派な中流層に戻ることができるのである。

この雇用格差の解消を実現するには、大きく分けて二つの処方箋がある。

第一は、新聞やテレビなどの論調の大勢であると言っていい、正社員化戦略である。雇用格差は非正規化を通じて起こったのだから、非正社員を正社員に戻せばいいという考え方である。この考え方は、識者の「格差本」の中に多く見かける。[5]

第二は、非正規雇用の「現実容認」戦略である。「雇用多様化」という現実に立って、非正規は非正規のままで認めて、その上で雇用の安定化なり均等化をしようという考え方である。この論を表立って主張する人は、筆者も含めて少数派である。

前者の「正社員化せよ」というのは、非正規労働者一八〇〇万人の時代に、いかにもリアリティのない話であるが、他方、後者の考え方については、あからさまな現実追認にすぎて格差を固定化するものだという批判がある。

しかし、こうした単純な二分法的な対立概念で、雇用格差問題の処方箋を考えていては、現実的な解決策は見つからないだろう。二つの考え方の議論をよく聞いてみると、正社員化論も一人たりとも非正社員を認めないと言っているわけでなく、また現実追認論者も一人も正社員にしないと言っているわけではない。要するに、ウェートのかけ方が少し違うというのが、実際のところであろう。

したがって、真実は二つの戦略の中間にあり、そのなかで現実的な雇用改革の糸口を探るというのが、賢明な政策選択であろう。

「天下三分の計」

〇六年九月に発足した安倍内閣は、当初から「再チャレンジ構想」を打ち上げ、そのなかで「フリーターの二割程度を正社員にする」という政策を掲げていた。その後、政府は新雇用戦略における「フリーター等正規雇用化プラン」によって、若年層について一〇〇万人の正規雇用化を目指すとともに、政労使が参加する「成長力底上げ戦略推進円卓会議」において最低賃金の中期的な引き上げを推進した。

その後を継いだ福田政権も、「五つの安心プラン」のなかで、非正規雇用の改善を約束し、また〇六年夏に決定された経済財政諮問会議の「骨太の方針二〇〇八」にも「二〇一〇年度までに若者、女性、高齢者二二〇万人の雇用充実」という形で引き継がれた。さらに現在の麻生首相は、「雇用に不安を感じている人々に安心をもたらす」と訴え、「格差問題は重要な課題で

図表 3-5　「天下三分の計」のイメージ図

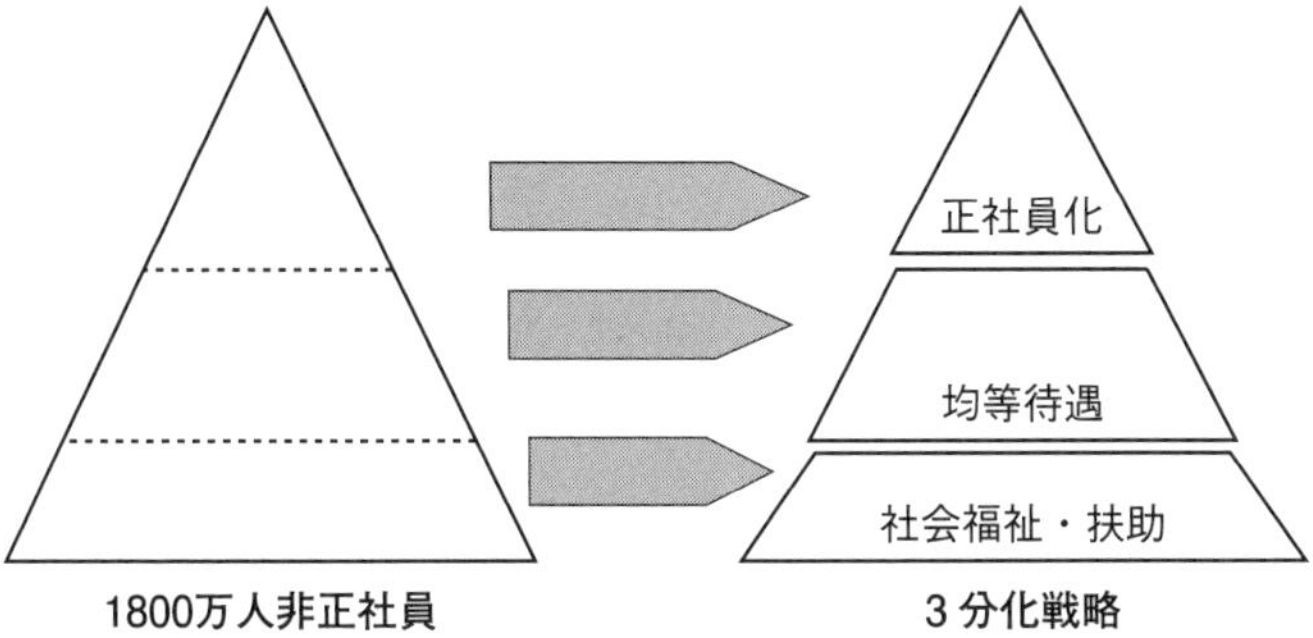

あるので、派遣法の改正はやりたい」と語っている。

安倍内閣時代の「フリーターの二割程度を正社員にする」という政策は、たった二割の正社員化では格差社会の解決には程遠い、との批判が多かった。しかし筆者は当時から、この安倍氏の「二割程度」という目標値は〝いい線〟であると考え、あちこちで書いたり、話したりした。仮に万が一、民主党が政権をとるようになっても（いや、とるかもしれないが）、それまでの主張からすると非正社員の正社員化に取り組むことになろう。しかし、正社員化できるのはせいぜい「三割程度」がいいところであろう。

この「二割」と「三割」との差は、たった一割にすぎない。しかし、「たかが一割、されど一割」。この一割の差が重要で、いわゆる「市場原理主義」と「社会民主主義」との違いはこの「一割程度」のことなのである。

ここで重要なことは、正社員になれるのは二割か三割で、どちらにせよ残りの七〜八割は非正社員のまま残るのである。現実問題として残ることになる七〜八割の非正社員をどうするのかということだが、そこは政治の出番である。

筆者は、一八〇〇万人の非正社員を三つに分けて、これからの雇用戦略を考える方法を提言したい。非正社員一八〇〇万人すべてを正社員化しようとするから話が難しくなり、そこで思考停止に陥ってしまうのである。しかし、正社員化できるのは三分の一、できないのが三分の一、そしてその中間が三分の一と、三つに分けて考えれば、それぞれの政策的な手当てを見つけることができるはずだ。

これを、非正規雇用「天下三分の計」と名付けたい。すなわち、非正社員一八〇〇万人のうち、三分の一については正社員化を図る。次は、パートや派遣など多様な働き方を自ら志向するおよそ三分の一の人たちで、この層は非正規のままで正社員との均等待遇を図る。それでもまだ、年収ベースで一〇〇万〜二〇〇万円以下の労働者が約三分の一ほど残る可能性がある。このなかには、夫婦二人の稼労所得が三〇〇万円以下の人たちが含まれる。あるいは多くのパートタイマーのように家計補助的な勤労層である限りにおいては問題ないが、いったん配偶者と離婚したり死別したりして独立家計を営むとなると、たちどころにワーキングプアになってしまう人たちがいる。この層は、社会福祉や公的扶助でカバーするのである。

この非正規雇用「天下三分の計」戦略の考えを実際に行うには、雇用政策、賃金・処遇政策、労働者教育・再訓練政策、社会保険・社会福祉政策などの具体的な政策でリードしていく必要があるが、それについて、以下の各章で述べていくことにする。

注

1 赤木智弘著『若者を見殺しにする国』（双風舎、二〇〇七年）
2 八代尚宏著『「健全な市場社会」への戦略　カナダ型を目指して』（東洋経済新報社、二〇〇六年）
3 電機連合総合研究センター編・佐藤博樹監修『IT時代の雇用システム』（日本評論社、二〇〇一年）
4 小林良暢「雇用流動化とテンポラリー雇用一括保護法」（「生活経済情報」二〇〇五年一〇月号）
5 朝日新聞特別報道チーム編『偽装請負　格差社会の労働現場』（朝日新書、二〇〇七年）、熊沢誠氏の主張する「原則無期雇用化」（『格差社会ニッポンで働くということ　雇用と労働のゆくえをみつめて』岩波書店、二〇〇七年）、後藤道夫氏ほかの主張する「間接雇用禁止」（『格差社会とたたかう〈努力・チャンス・自立〉論批判』青木書店、二〇〇七年）など

第4章

積極的な雇用政策の展開

1　労働市場大転換の構図

正規労働市場と非正規労働市場

正社員と非正社員とを隔てる「壁」のうち、まず雇用の「壁」を考えてみたい。雇用格差について書かれた本や雑誌の特集は枚挙にいとまがないが、正社員と非正社員の雇用について明確に定義したものはあまり見当たらない。ましてや非正規雇用といっても、パートもいれば、派遣社員や契約社員もおり、まだ請負労働者や日雇い派遣など多種多様である。

例えばプロ野球選手や相撲の関取、サラリーマンは、もともと労働市場が違い、年俸、給金など賃金も異なる。こう言ったのでは、例として極端すぎてあまり説得力がないかもしれないので、もう少し現実的な例を挙げよう。例えば、病院の勤務医師や為替トレーダー、あるいは開発技術者やシステムエンジニア、またコールセンターのオペレーターやスーパー、デパ地下の販売店員、さらには玉掛けほかクレーンの資格を持った労働者の間には、賃金・待遇に明らかな差がある。いったい何が違うのか。

まず、医師や為替トレーダーはハローワークに行っても、そういう職種が見つかるはずがな

図表4-1　2つの労働市場と雇用形態

	長期雇用市場（期間の定めのない雇用契約）	短期雇用市場（有期の雇用契約）
月給労働市場	正	契
時給労働市場	短正	ア　パ　期　派　請　日派

注：正は正社員、短正短時間正社員、契契約社員、パパートタイマー、アアルバイト、期期間工、派派遣社員、請請負労働者、日派日雇い派遣

い。また、主婦がパート先を探しに人材コンサルティング会社に行っても相手にされないだろう。医者や技術者など専門職はそれぞれ専門の人材紹介会社、システムエンジニアにはインターネットの専門サイト、派遣などは駅で配っているフリーペーパーや求人誌・サイト、パートには新聞の折り込み広告やハローワーク、日雇い派遣は携帯求人サイトが主流で、それぞれ職種に応じてリクルートの機関や媒体が区分されている。このように、人材紹介のルートが異なるということは、明らかに労働市場が別物だということである。

　わが国でも、労働市場はきわめて多様化しているが、労働市場の違いを図表4—1のように整理してみた。

　この図は、横軸で雇用契約期間の違いを表

し、縦軸で賃金の支払い形態を区分している。横軸の雇用契約期間は、「期間の定めのない雇用契約」を結んでいる「長期雇用市場」と、一年や六カ月、三カ月や一カ月、さらには一日単位など有期の「短期雇用市場」の二つに区分している。これに対して縦は、月給で賃金を受け取る「月給労働市場」と時給ベースで支払いを受ける「時給労働市場」の二つに区分してある。そして、この縦横のクロスしたところに、様々な雇用形態を置いたのがこの図である。

左上の「正」は、雇用主との間で期間の定めのない雇用契約を結び、月給で支払いを受け取る正社員である。その右の「契」は月給がベースだが、雇用契約が一年や三年といった有期の雇用契約の契約社員である。右下の「パ」「期」「派」などは、いずれも有期の短期雇用契約で、時給賃金の一群である。左下の「短正」は短時間正社員のことで、右下の非正社員と正社員の中間的な形態である。

「短期・時給」市場へ大転換

この図の雇用形態のなかで、黒地に白ヌキしてある雇用形態が一九九〇年代以降に急増してきたニュータイプの雇用であることを示している。

これで見ると、ニュータイプの雇用形態は、左右に分けたゾーンでは右側、上下のゾーン区分ではおおむね下側にある。九〇年代から二〇〇〇年代にかけて、雇用類型を四分割したゾーンの左上から右下に向かってシフトしていることがわかる。「失われた一〇年・一五年」の時代に雇用市場で起こったことは、「正」から「契」「派」「請」へ、さらには「日派」に向けての雇用構造の変化であり、その実態は「長期雇用の月給労働市場」から「短期雇用の時給労働市場」に雇用が大転換したことである。

この大転換には、二つの画期があった。

第一は就職氷河期の到来で、画期はこの言葉が流行語大賞に輝いた九四年である。就職氷河期という言葉は、九二年に女子学生の就職戦線が「どしゃぶり」と言われた頃から使われ出していたが、実際に世間で認知されるようになったのは九四年に、就職できないで契約社員になったり、派遣雇用市場に大量に流れ込んだ時からである。この時に「フリーター第一世代」が層として形成されたのである。その後、九五・九六年に新規学卒労働市場はやや改善の兆しを見せるが、九七年から九八年の金融危機を契機に、九九年以後の新規採用は大幅に削減され、これをそれ以前のものと区別する意味で「超氷河期」と呼ぶ。ちなみに、九五・九六年の就職改善期を、筆者は「間氷期」と呼ぶ。

第二の画期は〇三年の春、この年の四月の完全失業率が原数値で五・八％を記録し、雇用情勢が最悪となった。翌〇四年には派遣法が改正されて労働者派遣が原則自由となり、製造派遣も認められることとなった。これを捉えて、今日の「派遣切り」の元凶であるとする向きも多いが、それはあくまでも結果論であって、当時はもっと深刻な雇用問題があった。それは、「ＯＶＥＲ30フリーター」という問題である。第一の画期に登場した「フリーター第一世代」はその後の「雇用柔軟化」の先駆けとなったが、それは二〇代の若者を中心としたものであった。

フリーターでも派遣社員でも、二〇代前半はいくらでも仕事があるが、二〇代後半になるとやや仕事の幅が限定され、三〇歳を超すとぱったり仕事がなくなる。とくに、都市型の職種、例えば飲食サービス、販売・セールス、イベント系などではその傾向が顕著である。

雇用情勢が厳しくなった二〇〇〇年代の半ばには、フリーター第一世代が三〇歳を超え、「ＯＶＥＲ30フリーター」と呼ばれるようになった。このままでは、大量失業が発生するところであったが、それを救ったのが製造派遣や請負である。〇四年に製造派遣を認めたことで、地方工場での寮生活さえ我慢できれば相対的に高い時給を得られる雇用機会を、この人たちに提供したのである。それから五年、その間に請負から派遣へと雇用契約がシフトするなかで、この世代も四〇代に近づいた。今、「非正規リストラ」の対象者に三〇〜四〇代が多いのはそのためである。

この雇用の変化は、バブル崩壊後の長期不況や東南アジア・中国の台頭による国際競争環境の大きな変化などの背景があったことは言うまでもないが（この点については第9章で触れる）、雇用を巡る直接的契機としては、労働力の需給両サイドにおけるニーズの変化があったからだと考えられる。

それは、企業サイドで言えば次のような変化である。八〇年代までは長期雇用をベースに置きつつ、部分的に短期雇用を補助的労働力として活用してきた。九〇年代以降は短期雇用市場の時給労働者を基幹的業務にまでも積極的に組み入れるというニーズが高まり、雇用活用システムの転換を図ったのである。また、働き手サイドでも、長期・固定的な雇用よりも、柔軟で多様な働き方を求めるニーズが高まってきた。

この需要と供給の両サイドのニーズがマッチングしたからこそ、雇用構造の大転換がもたらされたのである。現在、全就業者の三分の一もの人々が非正社員になるという大転換が起こったのは、こうしたある種の経済合理性なくして理解できないことである。

2　固定化された格差の実態

大転換に潜む陥穽《かんせい》

しかし、この大転換には、大きな落とし穴が潜んでいた。それは、この大転換によって「雇

図表4-2　雇用形態別の就業期間

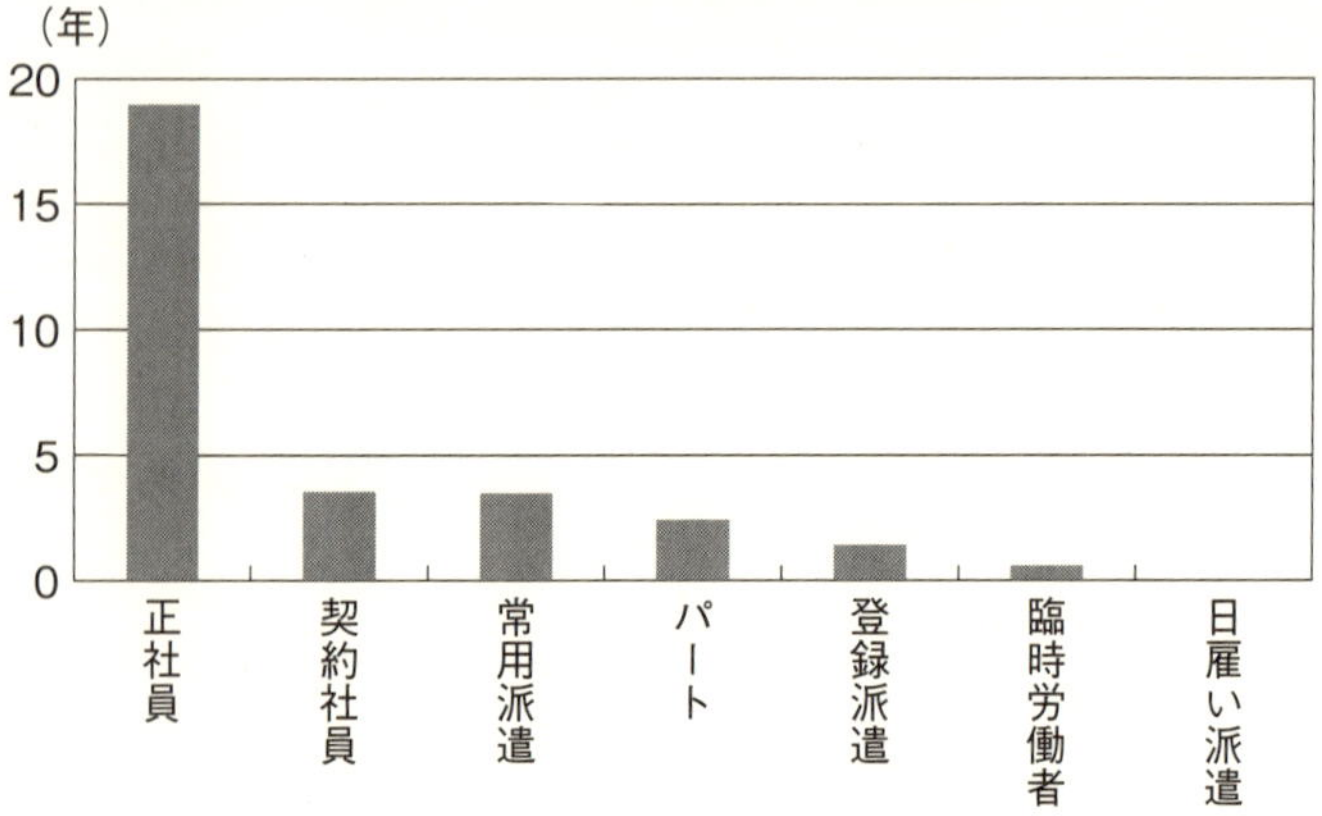

出所：厚生労働省「平成15年就業形態の多様化に関する総合実態調査」より最頻値から推定

用格差」を固定化させてしまったことである。

図表4―2は、雇用形態別の就業期間を表示したものである。正社員の就業期間が平均一五～二〇年という数字になっているのは、つまりこの人たちは「期間の定めのない雇用契約」すなわち「終身雇用」ということである。

これに対して、契約社員や常用派遣でも三～四年、請負や期間工などの臨時労働者は一年以下、日雇い派遣はさらに短期である。この数字も、いま働いているところの就業期間で、実際の雇用契約はもっと長い場合もあるだろうし、逆に何回かの更新の積み重ねで三年・四年になっているケースもあるだろうが、総じてこれらの雇用形態の労働者の雇用期間が短期であることがわかる。

このようなことは常識であって、改めて強調することではないが、ここで重要なことは正社員と、契約社員から日雇い派遣までの非正社員のグループとの間に、極端な落差があることである。契約社員から日雇い派遣までは、それぞれ隣の労働市場と重なり合いながら個別の労働市場を形成している。この重なり合う労働市場の間では、本人が移りたいという意思があれば、例えば日雇い派遣から臨時労働者への移動は比較的容易で、このシフトを繰り返していけば常用型派遣や契約社員まではステップアップできる可能性がある。

しかし、ここから先、正社員へステップアップしようとすると、図にあるように高い「壁」に阻まれて、いくら跳ねても飛びつくことはできない。現実の就業期間が一五〜二〇年間の正社員と、せいぜい二〜三年という「契約社員」や「常用型派遣」との間には、厳然とした落差がある。これは、労働市場の違いという以上に、学卒から正規入社の過程において不運があったり、中途採用市場が未成熟なために、中途退職していったん正社員の枠から外れた人には、きわめて不合理な雇用制度や労働慣行があることも、注意して見る必要がある。

しかも、このような雇用の格差構造が社会的に固定化されてしまうと、本当の格差社会になってしまう。今の日本はそうなりつつあると言えるが、まだ水際で阻止することが可能な段階である。この格差社会の解消のために「正社員化せよ」という主張は、どう見ても越えることのできない大きな「壁」の前で佇《たたず》んでいる非正社員に対して、「飛びつけ」と叫んでいるだけである。そう言われても、現状のままではどうしようもない高さなのである。

しかし、この「壁」を放置しておくわけにはいかない。なんとかこれを越えられるような方策を考える必要がある。

有期雇用を原則禁止？

「トヨタ・ショック」から「年越し派遣村」に至る〝非正規リストラ〟を伝えるテレビ報道や新聞論調には、このような「派遣切り」が横行するのは、九九年の労働者派遣事業法の改正と、〇四年に製造派遣の禁止を解除して、派遣を原則自由化したからだというものが多い、というのはすでに述べた。したがって、派遣法を九九年改正以前に戻し、「製造派遣」を禁止して派遣社員や期間社員などを「正社員にせよ」という主張につながるのだろう。

また、民主・社民・国民新の野党三党が、〇八年暮れの臨時国会に提出した緊急雇用対策法案の一つの柱である「有期労働契約遵守法案」も、有期雇用を原則禁止にする内容で、同じような考え方である。

しかし、この問題は少し冷静になって考えればわかることだが、いくら法律で「製造派遣禁止」にしたからといって、製造工程業務の外部委託がなくなるわけではない。元の製造請負に戻るだけである。また「偽装請負」に戻るのかという批判もあろうが、そのあたりは派遣業者側も百も承知で、定年退職者を採用したり、内部で監督職を育成したり、派遣会社と受け入れ企業で合弁会社を設立して両社から人を出向させ、事実上受け入れ企業の社員が請負労働者を指揮命令する「合法請負」を実施したところもある。ただ違うのは、せっかく派遣法で労働者保護の網をかけたのに、元の無権利な請負契約関係に戻ってしまうということだ。これではかえって逆行ではないか。

しかも、製造派遣禁止で雇用の機会が縮小して困るのは、製造派遣の労働者自身である。ここで製造派遣を禁止してしまうと、この人たちの雇用機会を狭めることになるのではないか。こうした「有期雇用の原則禁止」や「正社員化」といったリアリティの乏しいことを考えるよりは、むしろ派遣社員や期間社員、契約社員の処遇の均等化や雇用保障の改善を図ることの方が現実的な解決策ではないか。

正社員になりたいのは二〜三割

第2章でも述べた通り、この問題を考えるにあたって、まずは非正規労働者一八〇〇万人と言われるうち、どのくらいの人が正社員になりたいと考えているのかを見定めることが、この雇用戦略を考える出発点であろう。ここのところを見定めないで、ただやみくもに「正社員化」すると言ったり、逆に頭から正社員化は無理だと否定してかかるのは、いずれも現実的ではない。

図表4-3　非正社員の希望する就労形態

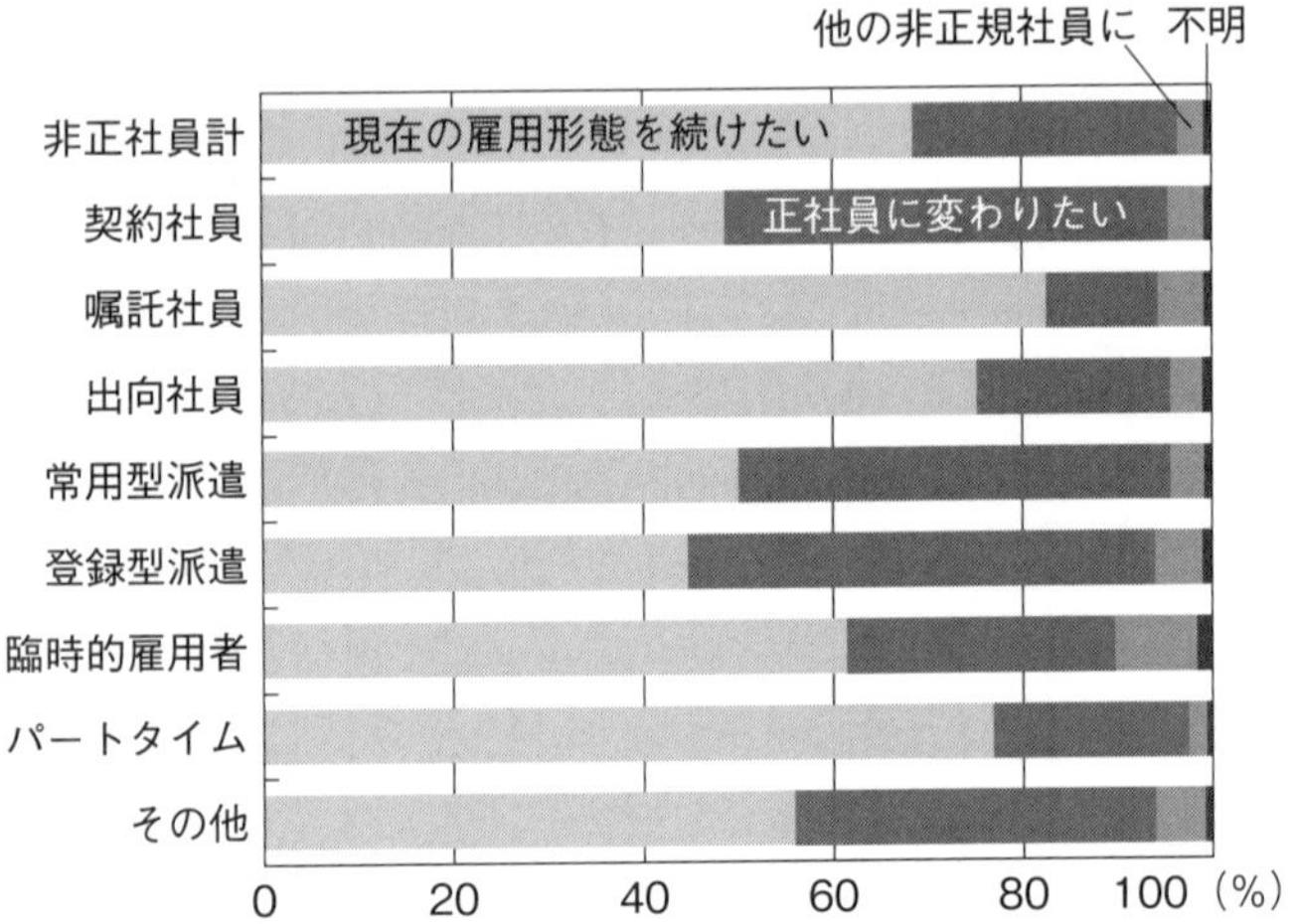

出所：厚生労働省「平成19年就業形態の多様化に関する総合実態調査」

そこで、まず非正社員の人たち自身が、この点をどう考えているのかを見てみよう。

厚生労働省の「就業形態の多様化に関する総合実態調査」は、非正社員に「今後の希望する働き方」を聞いている（図表4―3）。これによると、非正社員全体では六八％の人が今の雇用形態で働きたいと考えており、正社員に変わりたいと考えている人は二七・八％である。

この非正社員には、もともと正社員で定年後に嘱託社員になった人や、在籍出向者も含まれており、これらの人たちはこのままの就労形態でいいと答えている。しかし、他方で正社員に変わりたいと考えている人が多く、例えば契約社員

図表4-4　日雇い派遣労働者の希望する職業形態（%）

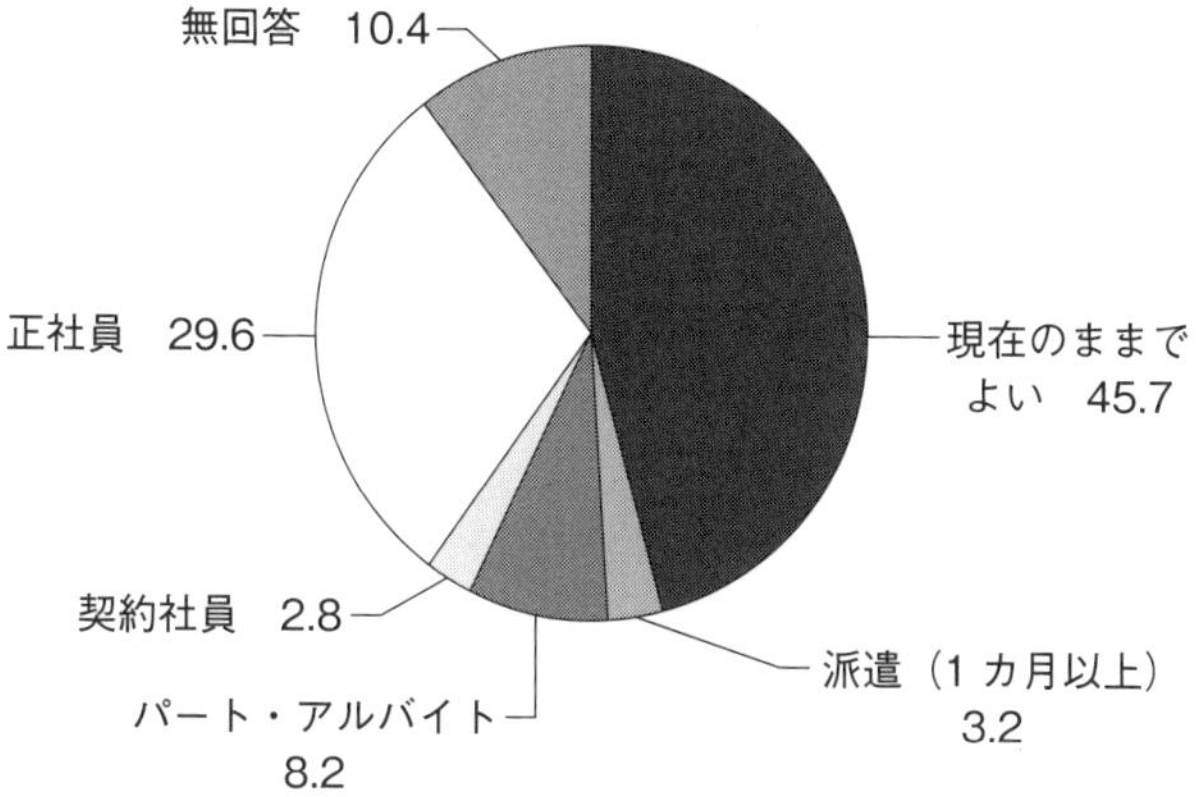

出所：厚生労働省「日雇い派遣労働者の実態に関する調査」（2007年）

では四七％、常用型派遣労働者も四五％、登録型派遣も四九％と高くなっている。これは、九〇年代の就職氷河期において、学卒労働市場が正社員市場から派遣・契約労働市場に代替され、その後もこの傾向が維持され、いわゆる「ロスト・ジェネレーション」となっているためである。彼らは現実の仕事も正社員と同じようにこなしており、当然、正社員志向が強いのである。

これに対して、パートタイマーや期間工などの臨時的雇用者は出稼ぎ型や時間を区切ったワークスタイルを望む人がかなり含まれているために、正社員へのニーズは少ない。

次に、日雇い派遣で働いている労働者はどう考えているのだろうか。「日雇い」などという超細切れの不安定雇用で、時給も一〇〇〇円弱となれば、一日も早くここから抜け出して、もっと安定した働き方、正社員になりたいと思っているだろうと一般には想像するだろう。ところが、現実は必ずしもそうではない。

第2章でも紹介した、厚生労働省が〇七年の六月から七月にかけて実施した「日雇い派遣労働者の実態に関する調査」によると（図表4―4）、日雇い派遣労働者は今後の働き方の希望について、「現在のままでよい」が四五・七％、「パート、派遣、契約社員になりたい」が一四・二％と、非正社員のままでいいという人たちが合わせると約六割もいる。これに対して、「正社員になりたい」と答えたのは、二九・六％と、約三分の一に留まっている。〃日雇い派遣〃だからといって、巷間で言われているほど正社員になりたがっているわけではない。

それでも、三割は正社員になりたいと考えているのだから、この人たちの前にそれを阻む「壁」があるのであれば、それを取り除かねばならない。

3　中間的な雇用契約ゾーンを創設せよ

残された最後の「壁」

このように、一口に非正規労働者と言っても、十人十色とまでは言わないが、何人かが集まれば幾通りかの働き方の志向を持っている。それらに応じて多様な対応策を用意しておかないと、この人たちの雇用ニーズに応えることができないだろう。

例えば派遣社員のうち五割の人は正社員になりたいと考えており、また日雇い派遣でも三割の人が正社員になりたいと考えているが、その「壁」は高い。

それでは、どのようにすればいいのか。なんとか「壁」に手をかければ正社員のところに手が届くよう、途中にステップを設けるなり、梯子《はしご》をかけるなりして、高い「壁」を乗り越えることができるようにするべきである。

そのためには、高い「壁」のある正社員と契約社員・常用型派遣との間に、「中間的な雇用市場」を設けることを考えた方がいい。筆者は「期間に定めのない雇用市場」と「短期雇用市場」との落差があまりに大きすぎるので、双方が重なり合うゾーンに「中間的な雇用契約」があった方がいいと、従前から考えていた。

筆者の参加した経済財政諮問会議の労働市場改革専門調査会も、この考え方を取り入れている。安倍内閣時代にいわゆる「労働ビッグバン」の司令塔としてスタートしたこの調査会の最後となった報告書では、これまでに「残された最大の課題である正社員と非正社員（パート・アルバイト、派遣など）の間に見られる働き方の『壁』」について取り上げ、その「壁」を是正するための政策のあり方を提起している。[1]

ここでいう「正社員と非正社員との『壁』」というのは、経済財政諮問会議の民間議員が指摘した「六つの壁」、すなわち①正規・非正規の「壁」、②性別の「壁」、③働き方の「壁」、④年齢の「壁」、⑤国境の「壁」、⑥官民の「壁」――の六つのことである。同調査会では、このうち働き方の「壁」についてはワークライフバランス憲章の策定を提案し（第一次報告）、また国境の「壁」は外国人研修・技能実習制度の改善（第二次報告）、さらに年齢の「壁」については高齢者就業の促進（第三次報告）を提言した。最後に残ったのが正規・非正規の「壁」である。

この第四次報告書は、「有期契約でかつ契約更新を繰り返す非正社員の雇用の安定を図るには、『短期雇用』と『長期雇用』との間に位置する『中間的な雇用契約』についてのルールを設けることが有効である」として、現行の業務や職場・事業所を限定した「契約期間に定めのある有期雇用契約」と、頻繁な配置転換や転勤を前提とした「契約期間に定めのない雇用契約」との中間に位置する、新たな「業務や職場・事業所を限定した、契約期間に定めのない雇用契約」という選択肢を設けることを提案している。

「中間的な雇用契約ゾーン」のイメージ

双方が重なり合うゾーンにある「中間的な雇用契約」とは、例えば「契約社員」は会社と直接雇用契約を結んでいる点では正社員と同じだが、雇用契約期間が違い、派遣や請負と同じ「有期契約」である。また、常用型派遣のなかで半導体や液晶の工場に行っている者のなかには、雇用契約は「期間の定めのない雇用契約」を結んでいるものが大勢で、違うのは派遣先の直接雇用でないだけのことである。こういう、現実にある「中間的な雇用ゾーン」を、より積極的に位置づけ、非正社員から正社員へのステップにすれば、一歩一歩階段を上がって、正社員にたどり着くことが可能となろう。

「中間的な雇用形態」の具体的なイメージは、「契約社員」「短時間正社員」「常用型派遣社員」「限定社員」などである。図表4―5でいえば、右から二列目の点線で表示したステップである。

契約社員は、現行では実質三年、高度の専門職でも五年に限定されているが、これについて大幅な延長を認めることである。また、常用型派遣は期間に定めのない雇用契約の月給にする。限定社員は、「業務や職場・事業所を限定した契約期間に定めのない雇用契約」で、その工場でその職種がある限りは雇用契約が継続するものである。[2]

こういう雇用形態や働き方は、すでに現実にあるようである。若者の労働を考えるNPO「POSSE（ポッセ）」の調査によると、[3]正社員なのに非正社員並みの賃金で長時間働かされる「名ばかり正社員」が若者の間に広がっているらしい。この調査は、〇八年の八月に「渋谷

図表4-5　中間的雇用契約ゾーン

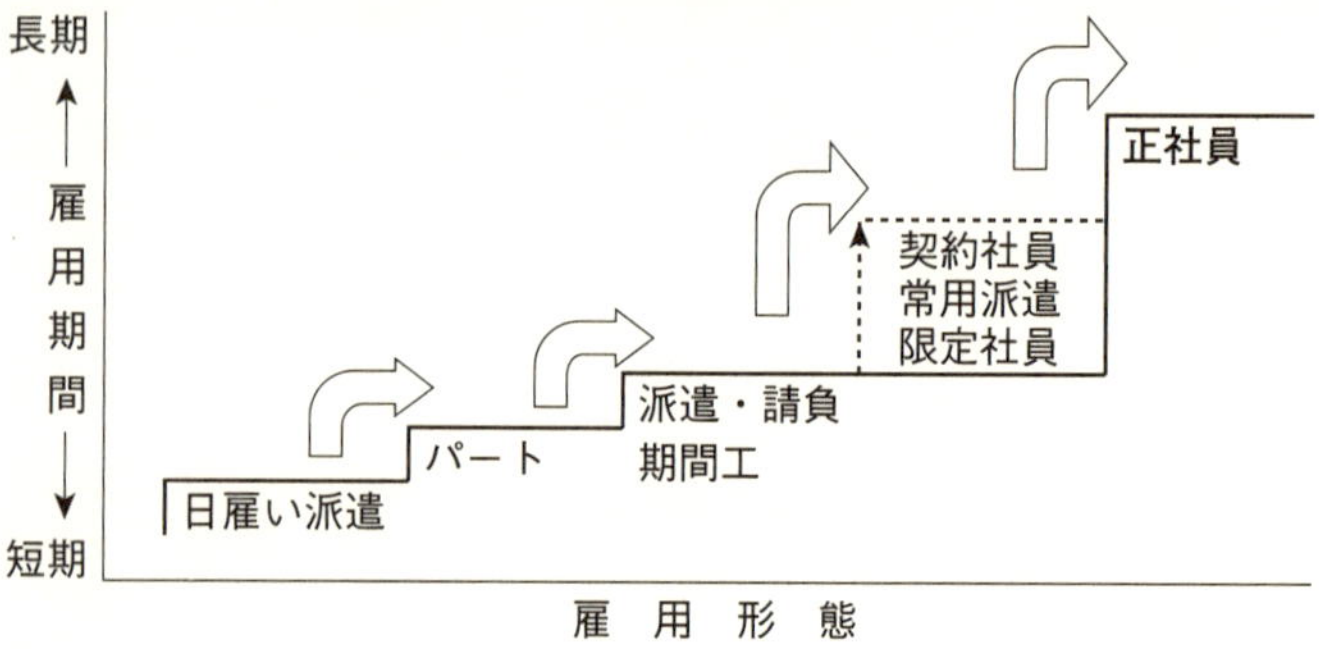

など若者が集まる都内四カ所の街頭で聞き取り調査」をしたもので、かなり地域的なバイアスがかかっている。しかし、その内容を見ると「定期昇給とボーナスがない周辺的正社員（名ばかり正社員）」は短大・専門学校卒の割合が高く転職経験が多いなど、信頼性のおけるもので、本邦初の調査として大いに評価できるものである。

積極的雇用政策

この「名ばかり正社員」をどう見るかである。筆者は、賃金などの処遇面が正社員と変わらないのであれば、正社員へステップアップするための「中間的な雇用契約ゾーン」として積極的に評価できると考えている。

しかしながら、この調査を行ったPOSSEは、正社員のなかから切り出して一つの雇用アウトソーシングの手段として利用されてしまうなどの問題があると見ている。この点については、前述の労働市場改革専門調査会の「第四次報告」でも、使用者に都合のよい「不安定な雇用形態を増大させることにならないかという懸念に十分配慮する必要がある」と述べ、慎重に扱うべき問題であるとしている。

しかし、筆者は現状のままでは雇用格差が固定されたままになってしまうので、まずは推し進めることが必要であると考える。現在の非正規労働者の多くが、新しい形態の「契約期間に定めのない雇用契約」に移行することで、労働者にとっては従来の細切れ雇用を防止できるという利点がある。もちろん、指摘されるリスクには別途対策を取らなければならない。しかし何よりも、この「中間的な雇用契約ゾーン」は、積極的雇用政策としての側面が重要であると考えている。

例えば、東京電力は、結婚や出産、介護などで退職した社員を再雇用する「ジョブリターン制度」を導入したという。これを報じた日本経済新聞の記事によると、「勤続三年以上の実績がある社員を対象に、退職後の経過年数や性別、年齢は問わないが、一年単位のパートタイマー契約で、生活スタイルに合わせて働く日数や時間を選べるようにする」ものであるという。[4]

このような制度は、多くの企業で制度化され普及しているものであるが、結婚にしろ出産にしろ、「生活スタイルに合わせて働く日数や時間の選択肢が多様な制度」と言うのであれば、なぜ退職した人だけを対象にしているのであろうか。いったん退職したら、途端に「壁」の下まで落ちてしまって、パートタイマーになるしかないというのが現状で、そういう元社員を活用しようというのがこの制度だということであろう。東京電力の説明では、「生活スタイルに合わせて」働き方を選べるということだが、仕事は「本店での事務職や支社・支店での料金計算業務など」で、業務上は正社員の「壁」の下のパートタイマーでしかない。これでは、働き続けようというキャリアウーマンたちは、この制度に乗ってこないのではないか。例えば、法定一年半の育児休職期間の終了後、さらに二〜三年などの期間、限定社員といった中間的雇用契約で働くような制度の方が、もっと活用されるのではないか。

また企業にとっても、正規・非正規社員を問わず、新しい雇用契約の下に「中間的な雇用契約」を用意しておけば、一時的にその「ゾーン」に入っても、本人の意思と会社の評価が合致すれば、再び長期的な戦力として復帰することが可能となろう。

働き方のフレキシビリティ

また、雇用形態の階段におけるステップが低くなれば、出産や自己啓発、留学、サバティカルなどで、個人が自ら選択して正社員から中間的なゾーン、さらには派遣などに階段を下りて、それらが済んだら再び階段を上がって正社員に戻るというように、文字通り生活スタイルに応じて上り下りすることで、働き方のフレキシビリティ（柔軟性）を高めることになるだろう。

なお、この「中間的な雇用契約」には、例えば短期契約で三年を過ぎた契約更新が三回目を迎える人には、能力評価考査の関門を経て、合理性の範囲内で正社員に登用する際の優先権を与えることなどが必要となるだろう。また、解雇ないしは雇い止めの際にも雇用優先権があり、どうしても解雇しなければならない際には、一定額の金銭補償等を妨げないなどといった、ルール化を図らなければならないだろう。

もちろん、このようなことを現行の雇用制度・労働慣行のなかで実施しようとしても無理である。これを可能にするには、正社員と非正社員の賃金・処遇の均等化によって格差をなだらかにして、正社員と中間的雇用ゾーン、常用派遣などの段差を低くすることが欠かせない。賃金・処遇の均等化の背後には、キャリア形成・教育訓練、さらに雇用保険や年金・医療などの生活インフラ全般について、正規と非正規のイコール・フィッティングが必要であるし、それが前提となる。

また、景気状況の悪化や、企業の業務の再編成があると、仕事がなくなる可能性もある。このため、先に紹介した労働市場改革専門調査会の「第四次報告」では、「予め、雇用契約の解除に関するルールを明確化する必要がある」としており、その具体的なイメージとしては、業務や職場・事業所が縮小したこと等を理由とする雇用契約の解除の際には、雇用期間に応じた「一定額の金銭補償」等を使用者に義務付けること、といった手続き規定を整備することを提案している。このような内容が、政府の文書のなかに盛り込まれたというのは画期的なことである。とはいえ、正規雇用と非正規雇用を隔てる「壁」について、全面的な政策提起をしているわけではないので、この点については次章で詳しく述べてみたい。

注

1　経済財政諮問会議「第四次報告」二〇〇八年九月
2　佐藤博樹「雇用を考える『新たな調整のルールを』」（『日本経済新聞』二〇〇九年一月八日付）
3　NPO法人POSSE「二〇〇八年度 若者の『仕事』アンケート調査」二〇〇八年九月
4　日本経済新聞二〇〇八年八月一八日付

第5章

均等待遇へのアプローチ

1 賃金格差はどこで生まれるのか

月給で二倍、年収で六倍の賃金格差

前章まで、日本の労働市場の「長期雇用市場」と「有期雇用市場」の間にある「壁」について述べてきた。この章では、もう一つの大きな「壁」である、正社員と非正社員の賃金処遇の格差について考えていきたい。

正社員に比較して非正社員の賃金が低いというのは常識であるから、改めて言うまでもないことであるが、では実際にどれほどの差があるのだろうか。ここで正規・非正規の賃金格差について見てみたい。まず、図表5―1を掲げた。

この図表は厚生労働省「賃金構造基本統計調査」と総務省「就業構造基本調査」により作成したものであるが、平成一八年版「労働経済白書」も、この統計を使って次のような分析をしている。「正社員・正職員では加齢に伴って賃金が上昇しており、男性の場合五〇〜五四歳層まで上昇する賃金構造になっている。一方、それ以外の者については、四〇代前半まで緩やかに上昇しているが、それ以降の賃金上昇は見られず、加齢に伴って正社員・正職員とそれ以外

図表 5-1　雇用形態別の賃金および年収の比較

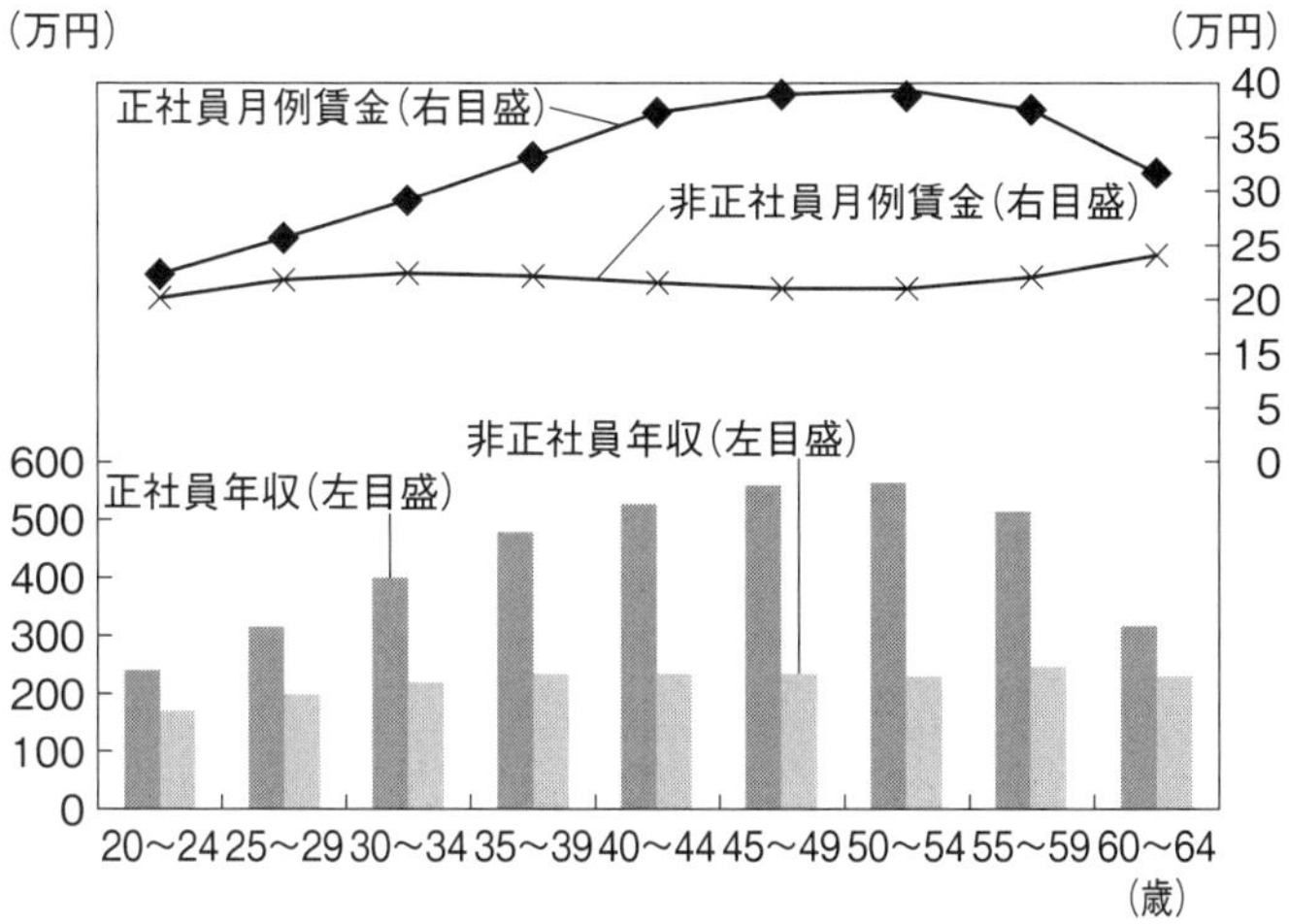

出所：厚生労働省「賃金構造基本統計調査」、同「平成18年版労働経済白書」

の者との間での賃金格差は広がる傾向にある」と分析している。その上で、「正規雇用と非正規雇用の間には賃金格差がある」と結論づけている。

　この「労働経済白書」ではかなり抑えたトーンの分析をしているが、この同じ図の五〇歳から五四歳の年齢層だけを取り出して、「月例賃金で約二倍、年収では六倍の格差がある」と賃金格差をことさらに強調する人もいる。いわゆる「格差本」などではそういう主張がかなり多く見受けられ、なかにはこれから生涯収入を計算して「一〇倍以上の格差がある」と断定しているものもある。

　しかし、賃金比較をする場合は、性別・学歴・年齢・職種を勘案して行うのが一般的である。図表5―1は、平均ないしは中位数を使用しており、全体としては問題ないと言うかもしれない。しかし、それなら正社員と非正社員のサンプルが、ともに対称的であることが前提となる。ところが、現実における正社員と非正社員は、性別・学歴・年齢・職種のサンプル構成上、まったくの非対称である。

この点に関して、正社員と非正社員の時給格差に注目した第一生命経済研究所の主席エコノミスト、熊野英生氏の試算は大変興味深い[1]。

それによると、二〇代前半の正社員の時給が一三九五円だったのに対し、フルタイムの派遣や契約社員などの非正社員は一一一五円。五〇代前半では、正社員の時給が二九九六円なのに対し、フルタイムの非正社員は一二一三円に留まった。二〇代前半の一・三倍から、五〇代には二・五倍に賃金格差が広がっている。他方、正社員は勤続年数が一年延びるごとに時給が一一三円上がるが、非正社員は五〇円しか上がらない。また、非正社員の勤続年数は七・二年であり、正社員の三分の一と短い。このように、非正社員は、年齢一歳ごとに賃金が上がるピッチと雇用期間の両面で賃金が低く抑えられている、としている。

このように、正社員と非正社員との間には、確かに結果として賃金の差があることは歴然としている。しかしその差は、何か理由のある説明変数、例えば職種とか職務遂行能力といった合理的に説明できるものであるのか、それともまったく説明のつかない「格差」なのだろうか。この点が重要である。

問題は、やはり正社員と非正社員との間の賃金の差が、どうして生じたかということである。

「月給労働市場」と「時給労働市場」

そこで、正社員と非正社員の賃金を詳しく比較して見ることにする。図表5―2を見てもらいたい。この表は月給労働市場と時給労働市場に分けて、それぞれの代表的職種について〝月給〟と〝時給〟を時給換算で表示してある。この表でも、各職種の前に「正」「パ」「派」などと雇用形態を付して、長期雇用市場か短期雇用市場かの区別がつくようにしてある。

これを見ると、ファミレス店員の時給は八二九円で、正社員の産業別最低賃金の九六〇円よりはるかに低く、確かに「賃金格差」が大きいように見える。

そこで注目してもらいたいのは、「月給労働市場」の「高卒初任給」の行である。「正」電機連合のところは「一〇〇六円」となっている。電機連合は、初任給について労働組合が産業別の規制をかけているわが国では代表的な労働組合で、高卒について大手企業では一五万六〇〇〇円で協定しており、これを時給換算したのが一〇〇六円である。ということは、高校を卒業して、正規入社でパナソニックや東芝に入社したとすると、男性でも女性でも、初任給一五万

図表 5-2　月給市場と時給市場

正は正社員、パパートタイマー、アアルバイト、常派常用型派遣社員、期期間社員、派派遣、日派日雇派遣　（2008年、単位：円）

月給労働市場（時給換算）		時給労働市場	
【標準労働者賃金】			
正パナソニック35歳開発設計職	2551		
正トヨタ30歳技能職	2239	常派ソフトウェア開発	2230
正日立30歳開発設計職	2083	常派機械設計	2053
正富士通30歳開発設計職	2018		
		常派医薬化粧品販売職	1863
正パナソニック30歳技能職	1680	常派書籍編集	1849
正東芝35歳技能職	1830	常派半導体組立	1625
		常派事務用機器操作	1549
【大卒初任給】		常派ファイリング	1485
正電機連合	1315	派財務処理	1347
		派事務用機器操作	1287
		派受付案内	1257
		期自動車組立	1225
【高卒初任給】		日派物流・倉庫内軽作業	1076
正電機連合	1006	派配送・運転	1026
【産別協定最低賃金】		派建物清掃	1033
正電機連合	961		
正JAM	960	派ビル管理・保安	926
		パスーパー販売	852
		パ居酒屋店員	844
		パファミレス・サービス	829
		アコンビニ販売	783
		地域別最低賃金	
		東京	766
		愛知	731
		青森	630

注：正社員の賃金は基本賃金で、扶養手当を加えて基準内賃金になる。電機企業の扶養手当は、3人世帯（妻・子供1人）で24000円、時給換算で154円になる。

出所：金属労協・電機連合・JAM調べ、厚生労働省「労働者派遣事業の平成19年度事業報告」、アイデム人と仕事研究所「パートタイマー白書」（平成18年版）、労働調査会出版局「最低賃金決定要覧」（平成20年）、「an」などフリーペーパー（2008.10）

六〇〇〇円、時給一〇〇六円ということになるのである。

しかし、「オレは会社に入って息苦しい思いをするのは嫌だ。好きなバイクでできる仕事をしたい」と言って、バイク便ライダーになった若者は、右の欄の「派　配送・運転」で、時給一〇二六円である。パナソニックや東芝の正社員になったのと、ほとんど同じである。また、ワーキングプアの象徴である日雇い派遣になっても、「日派　物流・倉庫内軽作業」の一〇七六円と、ほぼ大企業の高卒初任給並みの水準である。ということは、高校を卒業してすぐにできる仕事の賃金は、なんの仕事に就いても、あるいは正社員だろうが派遣だろうが同じだということである。

初任給は正規・非正規も同水準

次に、その上の「大卒初任給」を見てもらいたい。電機連合の大卒の協定初任給は、大半のところが二〇万三五〇〇円で、これを表の左側の「大卒初任給」の「正　電機連合」のところに表示してあり、時給にすると一二一五円である。右の短期雇用市場の欄で、このあたりの時給を見ると、「派　財務処理」が一二四七円で同水準である。大学を出て電機企業の正社員になっても、派遣で働いてもスタートの賃金は同じで、やはりこの限りでは格差はないのである。

製造現場の仕事でも、トヨタ自動車が新聞や求人フリーペーパーに出している期間工（自動車組立）の時給は一二二五円である。あの秋葉原無差別殺傷事件の被告は、日研総業から関東自動車工業に派遣された派遣社員で、仕事は溶接工で時給一三〇〇円だったらしいのだが、突然一〇五〇円に引き下げられたという。おそらく、日研以外の業者がダンピングして参入してきたのだろうが、実際この時期に日研は三〇〇人いた派遣要員を五〇人に減らされており、本人はかなり動揺していたという。

それはともかくとして、重要なことは製造ラインの派遣労働者や一般事務の派遣社員などの時給賃金が、大卒初任給（高卒技能職の二二歳賃金）とほぼ同水準ということである。これらのことは、賃金の実態を知るものにとっては、いわば常識である。というのは、初任給は、仕事の上からは職務遂行能力（職能）の一番低いレベルの水準で、入社したての新入社員も初職の派遣社員も、ほんの少しの実施教育ですぐにできるような単純作業しかできないのだから、ともに一番低い水準になるのは当たり前なのである。

これを賃金論では、「賃金の社会化」と呼ぶ。高卒にしろ大卒にしろ、学卒初任給は、一企業だけでは決められず、世間相場で決まる「社会化」された賃金だということである。わが国の賃金は、企業内労使交渉で決まる企業内賃金であるが、学卒初任給だけは――電機連合のように産別統一闘争で協定化するところは例外としても――産業別の水準はほぼ横並びで、社会性をもって形成されている。このため、高卒、大卒すぐの賃金水準は、正規・非正規を問わずに平準化され、ここにおいては正社員と非正社員との賃金格差は存在しない。

このように言うと、必ずや正社員にはボーナスや企業内福祉があるではないかと反論されよう。確かにその通りで、最近は企業内福祉が削減されて少なくなりつつあるとはいえ、ある程度はまだ残っている。ボーナスは入社一年目の前半は対象期間にあらずというところが多いが、年度後半からは支給される。これは、非正社員にとっては納得しがたい、合理的に説明しがたい賃金格差であろう。

これについては、本章後半の均等待遇の具体的アプローチについての解説で、その改革の道筋を明らかにする。

三〇歳で一・五倍、三五歳で二・一倍にアップ

初任給の周辺レベルでは正規・非正規間に差がないとすると、問題はそこから先である。図表5―2の左側の月給労働市場を下から上に見ていくと、正社員の時給は高卒初任給・大卒初任給から三〇歳、三五歳と上がっていく。

右側の「時給労働市場」においては、職種ごとに常用派遣の半導体組立の時給は一六二五円、書籍編集一八四九円、医薬化粧品販売職一八六三円、機械設計二〇五三円と、高い職種が

連なっている。

このうち、医薬化粧品販売職――このなかには、かつては資生堂の美容部員などと言われ、今はデパートの化粧品売場のビューティー・アドバイザーと呼ばれる人たちを含む――その時給が一八六三円で、月給にすると二八万八〇〇〇円となり、電機の三〇歳の技能職（主として高卒）と技術開発職（大卒）の中間くらいの水準である。また、常用派遣のソフトウェア開発のシステムエンジニアの時給は二二三〇円、電機の三〇歳から三五歳の開発設計職と同水準に位置づけられており、ここではほぼ均衡しているように見える。

しかし、これは表の左右で水準が合っているところを比べた話で、これを長期雇用と短期雇用、月給と時給という労働市場の切り口から見ると、違った様相が見えてくる。

月給労働市場の正社員の賃金は、高卒初任給一五万六〇〇〇円（時給一〇〇六円）でスタートした技能職が三〇歳で月給二六万三〇〇〇円（一六八〇円）と一・七倍に、また大卒二〇万三五〇〇円（一三一五円）が三〇歳で三二万二三〇〇円（二〇一八円）と一・五倍、三五歳で三九万三〇〇〇円（二五五一円）へと二・一倍に跳ね上がっていく。

これは単に年齢を重ねたから昇給していくわけではなくて、企業が用意した教育・訓練プログラムを通じて職務能力を獲得し、より高度な仕事をこなせるようになったことによると解釈しておこう。

これに対して、右側の時給労働市場では、職業生活をバイク便ライダーや一般事務派遣で始め、その仕事をずっと続けていたとすると、三〇歳、三五歳になっても時給一〇〇〇円や一三〇〇円で変わらない。それが時給労働市場というものである。もちろん、そのあと電子部品組立や期間工、財務処理などのキャリアを積んで機械設計、ビューティー・アドバイザー、ソフト開発システムエンジニアなどになれば、正社員と同じように処遇が上がることもあり得る。しかし、それはこの図表の上での話であって、現実にはこのようなキャリアルートは存在しない。本人にその意欲と能力があっても、働きながら自らの費用でそのスキルを身につけることには、きわめて大きな困難が伴うのが現実である。

片や社内にキャリア開発システムが用意され、研修を積み重ねていけば職務能力を獲得できて職能資格も上がり、賃金も上昇する正社員と、片やキャリアアップを自らの努力に委ねられ、現実的には可能性の著しく乏しい低い賃金に留め置かれる非正社員の違いが、ここにある。

この処遇・賃金の上で正規と非正規を隔てているものは、月給労働市場と時給労働市場の「壁」である。この背後には、教育・訓練を通じてのキャリア形成の「壁」があるが、この点については次章で詳しく述べることにして、ここでは賃金について話を進めたい。

2　非正規一八〇〇万人時代の賃金制度

日本経団連の役割給

日本経団連の「二〇〇八年度経営労働政策委員会報告」は、これからのわが国企業の賃金制度のあり方について、明確な姿勢を打ち出したものとして注目された。

この「報告」は、日本の賃金制度として新たに「役割給」を打ち出しているが、一方、職種別賃金について厳しい批判を展開しているところに特徴があった。すなわち、「一部有識者などが提唱している職種別同一賃金論であるが、これは同一職種であれば、一事業所や企業の別なく同一賃金を求める議論である。……しかし、事業所や企業の枠を越えて同一職種の労働に対し同一の処遇を求めることは合理的な根拠を欠く」とした上で、こうした賃金決定が行われることになれば、労働市場は職種ごとに分断され、就業者の就労意欲は減退し、企業も競争力強化が進まなくなるので、「職種別同一賃金はわが国が選択すべき方向ではない」と主張している。

ところで、ここで言う「一部有識者」とは誰のことだろうか。〇八年の春闘が始まったころ、たまたま電機連合に行ったら、経団連が言う「一部有識者」とは「経済財政諮問会議の民間議員の八代さんと小林さんのことだと、経団連の事務局が言っていましたよ」と声をかけられた。

八代先生はともかく、筆者のような小者を経団連が相手にするわけはないでしょうと返したら、「この前、経団連の役割給を批判したでしょう」と言われて、はたと思い当たった。確かに、筆者は「賃金事情」（二〇〇七年八月五日号）の「職種別賃金と最低賃金改革が必要」というインタビュー記事のなかで、経団連の新賃金政策の「役割給」を批判し、次のような職種別賃金論を展開した。

賃金制度を考える場合の基本は、賃金決定の基準をどうするかということである。筆者は賃金決定基準には三つしかないと考えている。一つは「職種」＝ジョブ。二つ目が「能力」、つまり企業が必要とする職務遂行能力である。三つ目が「成果」で、もっとも単純なのは出来高であるが、ある程度数値化されるものである。

経団連の提言を見ると、どこからどこに行こうとしているのか、曖昧な印象を受ける。経団連の「役割給」は「職種」と「能力」の中間的なものに見える。企業にとっては、こちらの方が使い勝手がいいかもしれない。ましてや労働組合と合意を形成するには、この中間的なものが労使双方の落としどころとして合意しやすいと言えるかもしれない。しかし、曖昧な賃金制度改革で終わってしまうと、いずれ改革をもう一度やり直すことになるのではないか。

日本経団連は〇九年度「経営労働政策委員会報告」でも、「仕事・役割・貢献度を基軸とした賃金制度の構築」を掲げ、これに対応する賃金項目としては「職務給、役割給、発揮された能力による職能給、貢献給（業績給、成果給）などを用いることが適当である」としている。これだけ賃金項目を並べると、結局はなんでもいいと言っているのに等しく、これでは政策とは言い難い。

七〇年代から今日まで、日本企業は職務能力を賃金決定の基準に据えてきたが、その運用が年功的に流れて行き詰まったために、結局は「職種」にいくより他に道はないと考えている。職能給のままでも年功的運用をやめて、本来の適正な運用に戻ればいいわけであるが、賃金決定基準という根幹を変えない限り、賃金は変えられない。改革とはそういうものである。

課題を突破するのは「職種給」

賃金制度は、賃金決定基準のベースを何にするのかで決まってくる。現在、賃金決定基準を何に求めるかについては、次の二つの視点が必要である。

第一は、従業員の合意形成である。賃金制度は、企業内の若年層と中高年、男性と女性、あるいは職種間の様々な利害を調整して、従業員の最大公約数的な合意形成の上で初めて成り立つものである。七〇年代から八〇年代までのわが国の賃金制度は、「職能給」全盛の時代であったが、それは職務遂行能力の上位について高い賃率を設定する賃金制度である。

そこで、従業員・組合員の間で、「若い人よりも経験を積んだ人の方が高い能力がある」「女性よりも男性の方が能力が高い」という当時の一般的な価値観のもとで合意形成がなされ、それに合った賃率が設定され、うまくいっていたのである。このような合意がなされる背後には、生活給賃金・世帯主賃金の考え方が根強くあり、世帯としての生活を担う三〇代から四〇代の男性の賃金を高く設定することに納得し、女性組合員の側も「いずれ結婚するのだから、（口には出せないが）それでもいいか」と思っていた人が多かったのである。

ところが、女性が高学歴化して男性と同様に仕事を続けることが一般化し、また情報サービス産業などで若い人の方が高度なコンピュータ言語を使いこなすということになると、「同じ仕事をしているのに、男女の差があるのはおかしい」「古いコンピュータ言語しか使えない中高年の賃金が高いのは不合理だ」と、賃金決定基準そのものの変更を迫る不満が噴出し始めたのである。

これが、賃金制度改革の動きになったのは、九〇年代の初めであった。しかし、その後の構造不況で停滞してしまい、課題が持ち越されたまま現在に至っているのである。

第二に、これが決定的な理由であるが、非正規労働者一八〇〇万人の時代が到来したことである。非正規労働者比率が三分の一を超えるようになり、工場や事業所の現場では四～五割、場合によっては七～八割が非正規労働者というところもめずらしくなくなってきていることはすでに述べた。そういうところで、生産性や経営効率を向上させるには、カイゼン・提案活動における非正社員の協調抜きにはあり得ない。

それなのに、派遣や期間工、パートタイマーなどの時給労働者を蚊帳の外に置いて、正社員のなかだけで処遇の納得性を探っていてもどうにもならない。正規と非正規との処遇の公正・均衡が不可欠の前提になってくるのである。

その時に、会社側から「役割給」などと言われると、派遣と正社員とではもともと役割が違うのだから、やはり会社は賃金差別がしたいのだと受け止められる可能性が高い。今、企業の労使に求められるものは、非正規労働者一八〇〇万人を内包した賃金の制度設計へと変えることである。正規・非正規の共通の尺度となる賃金決定基準を何に求めるのかが、重要な課題なのである。

以上二つの課題をともに突破するには、基準を「職種」にするしかない。均等待遇とは職種の上での時給レベルの均等である。〝時給労働市場〟はすでに職種別時給が成立しているので、〝月給労働市場〟の方が職種別賃金に転換するしかないのである。

3　格差解消へ、実効性あるアプローチ

最低賃金の底上げ戦略

職種別賃金制度への転換と言っても、それを機能させるには時間がかかるので、当面は現在置かれている状況のなかで、均等待遇へのアプローチを図る必要がある。

そのためには、わが国の賃金政策の上で、二つのことに取り組む必要がある。

まず、第一の最低賃金制度についてである。これは、非正社員の賃金について下からの「底上げ戦略」が求められる。日本の最低賃金制度は、地域別と産業別の最低賃金（最賃）制度があるが、この底上げを図る必要がある。

安倍内閣の時代に「成長力底上げ戦略推進円卓会議」が作られてから、政府も最賃引き上げには積極的に取り組んできている。〇八年夏の全国の地域別最低賃金の引き上げは一四円と、引上額で二年連続二ケタ増、前年と合わせて二年がかりで約三〇円が引き上げられたことは、大いに評価できる。中央最低賃金審議会および各都道府県最低賃金審議会の努力を多とするところである。

連合などの労働組合は、先進諸外国の水準と比較して、日本の最賃が明らかに低位であることから、これに合わせて時給一〇〇〇円への水準引き上げを求めている。現行の平均六八七円の水準とはまだ三〇〇円以上の開きがある。毎年一五円ずつ引き上げても、そこに到達するまでには二〇年もかかる話である。

時間がかかるばかりではない。現行の地域別最低賃金の引き上げは、非正社員のパートタイマーや日雇い派遣労働者のうち、一部底辺層の「底上げ戦略」には機能と役割があることを否定するものではない。しかし、派遣社員や請負労働者などの時給の改善に直接的な効果を及ぼすにはパワー不足の感が否めない。というのは、派遣労働者の時給は現行の地域別最低賃金の水準に比べて、はるかに高い水準にあるからである。

図表5―3を見てもらいたい。これは、派遣職種のなかでも最も古くから認められてきた二六業務の時給を、特定労働者派遣（常用型）と一般労働者派遣（登録型）に分けて表示したものである。

これによると、時給一〇〇〇円以下の業務は建築物清掃だけで、ビル・オフィスの受付や一般事務（ファイリング）も一〇〇〇円以上であり、ここから新規事業の開発プランナーなどの二五〇〇円超までに分布している。

しかし、図を仔細にながめてみると、一般労働者派遣（登録型）は通訳や機械設計、ソフト

図表５-３　派遣社員26業務の時給レベル

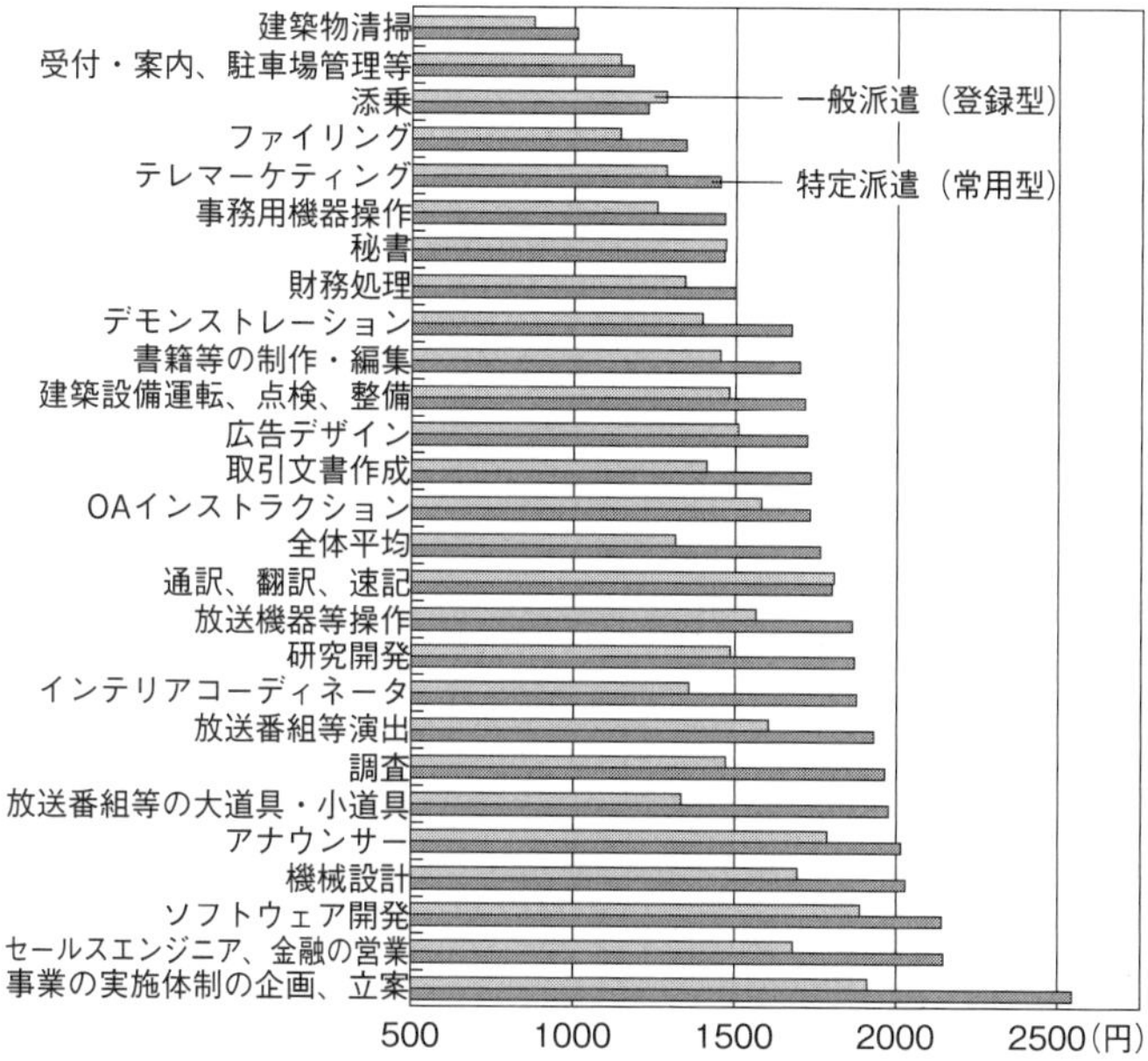

ウェア開発のシステムエンジニアなど一五〇〇円を超す時給もあるにはあるが、おおよそ一〇〇〇円から一五〇〇円のところがボリュームゾーンである。一方、特定労働者派遣（常用型）では、一五〇〇円から二〇〇〇円がボリュームゾーンである。

労働組合の初任給協定

これら、派遣社員の主力である二六業務の時給は、地域別最低賃金の水準にはほとんど影響を受けないといっていい。これらは、むしろ登録型派遣でも常用型でも、正社員の高卒初任給、大卒初任給

図表 5-4　企業内最低賃金協定の締結状況

産別組織名	加盟組合数	協定締結組合数	締結率（%）
電機連合	162	138	85.2
自動車総連	1200	535	44.6
JAM	1850	598	32.3
基幹労連	267	162	60.7
全電線	39	26	66.7
合　　計	3518	1459	41.5

出所：金属労協「2009年闘争の推進」をもとに筆者が加工・作成

の影響を受けている。

したがって、労働組合が派遣社員など非正社員の時給底上げに寄与するには、まず学卒初任給の協定化に取り組むべきである。高卒にしろ大卒にしろ、初任給は賃金体系のスタート台であり、また産業別最賃にも企業内最賃にも連動しているので、きわめて重要な賃金要求項目であり、なおかつ派遣社員など非正社員の時給に連動している社会性の強いものである。

労働組合が、正規・非正規の均等待遇にあたってできることは、初任給要求を連動させて、産業別最賃を引き上げ、全体の最低賃金の底上げを図ることが、最も社会的に意義のある運動であろう。

産業別最低賃金の金額は、労働組合が「企業内最低賃金協定」などによって申出要件（適用対象労働者の三分の一の合意）を確保して、都道府県労働局に金額改正の申し出を行い、地方最低賃金審議会で審議・決定されるが、その金額審議では申し出に用いた企業内最低賃金協定のなかで、最も低い水準が

図表 5-5　最賃協定の構内の非正規労働者への適用

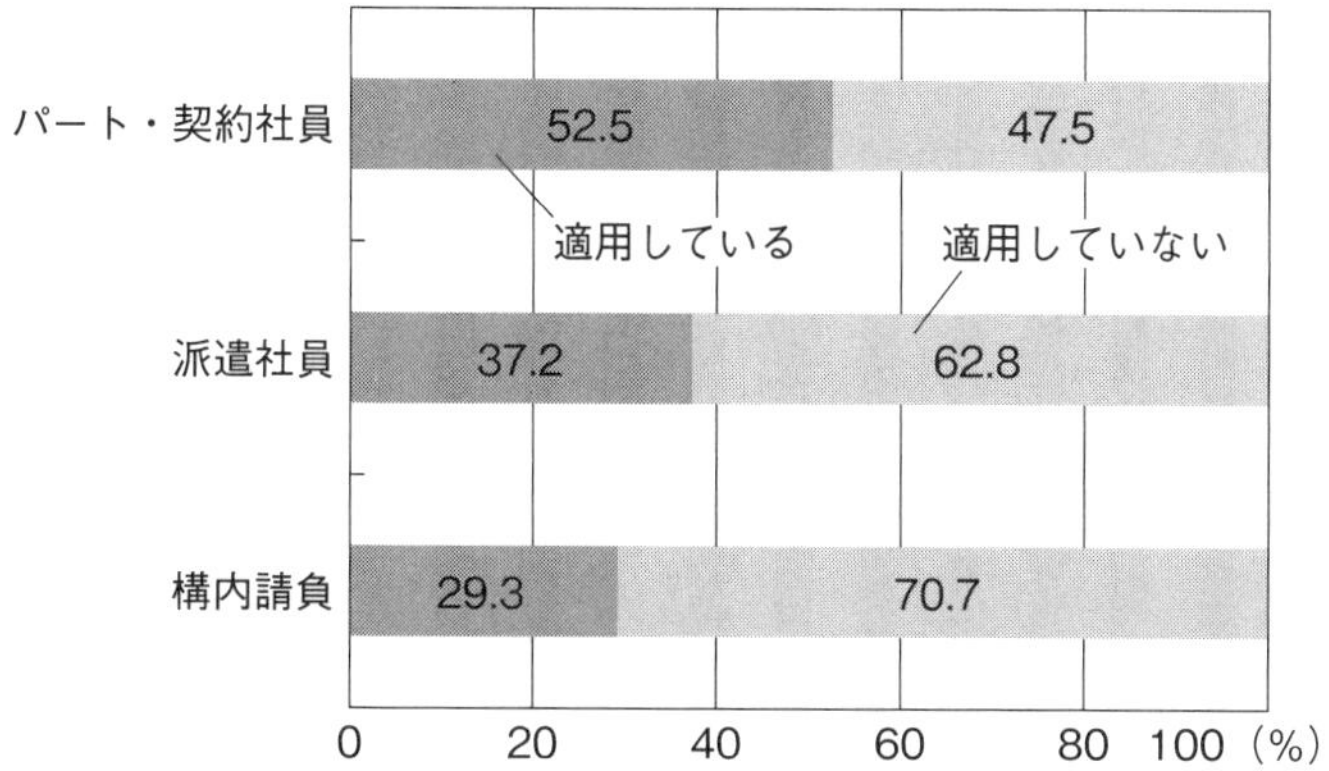

出所：電機連合「非典型雇用労働者の雇用実態に関する調査」（電機連合NAVI2006.9）

産業別最低賃金とされ、金額審議の重要な指標にされている。ということは、産業別最低賃金の申出要件を確保するためには、企業内最低賃金協定の締結組合数を拡大し、あわせて企業内最低賃金協定の水準の改定を通じて、産業別最低賃金の金額水準を引き上げ、ひいては最低賃金の底上げを図ることにあるのである。[2]

しかし、その企業内最低賃金協定の締結状況はまだ低位に留まっており、積極的な取り組みを展開している金属労協傘下の産別労働組合でも、全体の四二%に留まっている（図表5―4）。この締結率を高めるとともに、その水準を引き上げる地道な運動に取り組むことが、労働組合に求められている。

その上でもう一つ、事業所内で従事するあらゆる非正規労働者にも、企業内最低賃金協定を適用する取り組みを強化し、それ以下では働かせないよう会社に求め、それを実行させることが欠かせない。そんなことができるのか、と言うなかれ、実際にやっているところがあるのである。

電機連合の「非典型雇用労働者の雇用実態に関する調査」によると、傘下組合のうち約四割の労働組合が派遣労働者について、請負労働者では約三割の組合が最低賃金協定を適用している。この調査を報じた朝日新聞は「七割が派遣を最賃以下で使用」と書いていたが、筆者は四割近くの組合が構内の派遣労働者に企業内最賃協定を適用していることについて、なかなかよくやっていると驚いた。これを、五割、七割、一〇割と上げていくことが、労働組合運動の今後の課題である。

労働組合が、自らの会社の構内・店内、あるいは役所内で働く非正規労働者を含むすべての従事者に対して、企業内最低賃金協定を適用する取り組みをきちんと進めていけば、非正規労働者の賃金問題の核心に迫ることができよう。

職種別賃金の社会化戦略

しかし、最低賃金の引き上げは「底上げ戦略」であり、より高レベルのところでの時給の引き上げについてはパワー不足である。そこで、筆者はかねてから、より高いレベルの「職種別のベンチマーク賃金（標準賃金）」を作ることを提案している。

例えば、短期労働市場における時給労働者の供給元である派遣・請負業界が、「一般事務一二〇〇円」「自動車期間工一三〇〇円」から始まって、「ビューティー・アドバイザー二〇〇〇円」「ソフト開発技術者二五〇〇円」のような〝スーパー派遣〟をも含めて、職種別賃金協定を結んで派遣先企業にそれを突き付ける。それによって、時給一五〇〇円から二〇〇〇円のラインの突破を順次図っていくことを、この業界ならびに労働組合に提起したいと考えている。これは、全建総連が、大工や左官の時給賃金の拡大に昔から取り組んでいるのと同じことで、まったくできない話ではないはずである。

労働組合のなかでも、春闘の賃上げ要求にあたって、職種別賃金要求方式を採用している組合は増えつつある。しかし、連合の〇八年春闘の傘下組合は約五三〇〇組合であったが、そのうち従来の平均賃上げ方式で要求しているのが四九三九組合とまだ大勢で、個別要求方式は二五〇組合に留まっている。

このなかで、電機連合は〇九年春闘で、開発設計基幹労働者（三〇歳相当）について三一万円、製品組立基幹労働者（三五歳相当）は二九万円とする要求を掲げている。時給換算すると、それぞれ二〇〇〇円と一八七〇円である。電機連合は職種を具体的に明示した実額賃金表示であるので、これを下回る開発設計技術者や製造派遣社員を受け入れない、他方、派遣・請負会社はこれ以下では人を出さない、といった双方への規制を設けることが重要である。

連合は、これらの職種別の個別賃金を毎年調査して、貴重な賃金データを所有している。筆者は、前々からこの貴重な連合データを社会的に公表して、職種の賃金水準の社会化に役立てるように主張している。それには、連合の構成組織がそれぞれ得意な職種、例えば電機連合は開発技術者とシステムエンジニアなど、自動車総連なら製造ラインの組立工など、UIゼンセンはスーパーのレジ係と売り場主任など、という形で各産別組織がそれぞれ二つないし三つずつの職種について賃金水準に責任を持てば（これを筆者は賃金の「一村一品運動」と呼んできた）、連合構成組織八〇産別で二四〇職種の社会的水準決定をリードし、同一職種の派遣や契約社員の賃金の引き上げに貢献できるはずである。

注

1　第一生命経済研究所「時給でみた賃金格差」（二〇〇八年四月二二日）
2　金属労協「二〇〇八年闘争の推進」

第6章

公的職業訓練と就業支援サービス

1　キャリア開発にも存在する格差

自治体の緊急対策が外れた理由

この大不況で仕事を失った派遣社員などに対する緊急対策として、地方自治体が臨時職員に直接採用する施策が広がっている。しかし、首都圏の自治体が打ち出した緊急雇用対策は、予想に反して応募が低調で、雇用拡大に繋がっていないようである。

さいたま市は一〇〇人募集したが採用は二人だけで、東京都北区でも応募は三人のみ、千葉県船橋市も三〇人の募集に対し六人に留まった。応募が一五六人と比較的多い横浜市でも、募集枠（三四三人）の半分にも満たない。東京の日野市役所の担当者は、「応募者が殺到すると思い、整理券まで用意した」と言うが、このあたりに大きな意識のギャップがあるのだろう。[1]

なぜ、こうも不人気なのかについては、「雇用対策をしているという役所のパフォーマンスだ」という手厳しい批判もあるが、臨時雇用で期間も短いこと、また求職者が希望する条件とズレが大きいなどの要因が挙げられている。とりわけ「期間が短い上に、やりたい仕事がない」という理由には注目する必要がある。

というのは、〝非正規リストラ〟で解雇された派遣社員は、本当に生活に困って路頭に迷っている人もいるが、これまでは大企業の工場で働いていた人が多いことも手伝って、今のところはまだそこまでの切迫感がないというのが実情なのだろう。だから、道路工事の現場や、正職員と机を並べる役所での事務系の仕事などについては、二の足を踏んでいるのかもしれない。

大企業の工場で期間社員や派遣・請負社員として働いていた人たちを含め、多くの失業者は、おそらく今度仕事に就くときにはもう少しステップアップした仕事か、できれば正社員になりたいと思っているのではないか。だから、道路工事や市役所などの短期の臨時職員、あるいは時給単価の安い介護職などに目を向けないのだろう。こう考えた方が、現状をよく理解できる。

そうであるとすれば、二〇〇九年三月末までには四〇万人にもなるといわれる製造派遣失業者の人たちが、地方自治体や国に対して本当に期待しているのは、公的な再就職支援、とりわけ教育・訓練・資格取得の支援ということになろう。

なぜ今、公的教育・訓練・資格取得の支援を求めているのか。本章では、これについて考えてみたい。

キャリア形成の落差

就職氷河期が始まった一九九二年、この年に新規学卒入社から外れてしまった人たちは、その時大卒の人は〇九年でちょうど四〇歳、高卒だと三六歳になる。この人たちは、運よく中途採用された人を除いて、その後フリーター、契約社員、期間社員、派遣社員などで働いてきたのであろう。それでもこの間、非正規労働市場が急成長を遂げてきたおかげで雇用機会の拡大に恵まれ、なんとか生活を維持することができた。

他方、同じ年に会社に正規入社した同級生や同期生たちは、大卒四〇歳といえば大企業でも〝課長適齢期〟、高卒三六歳なら中堅技能職として現場を仕切る立場になっている。

この二つの立場の人たちの間には、職業能力の蓄積という点に関して、大きな落差が生じてしまっている。この相違の背後には、片や長期雇用・月給労働市場、片や短期雇用・時給労働市場という、異なる労働市場でのキャリア形成の違いという決定的な問題がある。

二つの異なる労働市場で、片方だけが極端に不合理でおかしなものであるならば、政策的に問題解決の手立てを打つことも簡単であるし、そんなことをしなくても公正で合理的な方向に自然と収斂されていくはずである。それがなかなか一筋縄でいかないところに、この問題の根深さがある。

正社員のキャリア形成

正社員の賃金は、年功賃金であると言われることが多い。しかし、すでに述べたように、今の大企業から中堅企業では、単純な年功賃金テーブルではなくて、何らかの職能、職種をベースにした従業員の賃金管理をしているところがほとんどだろう。

ということは、社員が入社してから一〇年、一五年と経るにしたがって賃金が上がっていくのは、その間にスキルの向上、職務遂行能力の上昇があるからだと理解するのが自然であろう。

企業の従業員管理は、資格・職位・賃金という三つが一体で管理されている。

資格とは、職能資格のことで、図表6―1に示したように、階段の上に書いてある「書記」「主査」、あるいは「主幹」とあるもので、これは各社によって「S職・M職・L職」とか、「Ⅰ・Ⅱ・Ⅲ」などその名称は異なる。また、これが「平」や「チームリーダー・係長」「課長」などの、いわゆる職位に相当している。さらに、それぞれの資格のなかには「1、2、3……」といった等級がある。

このモデルでは、大卒の新入社員は「書記二級」に格付けされて、職業人生のスタートにつく。この資格等級に賃率が連動して決められているから（これを「職能給」と言う）、大卒の「書記二級」の基本給が二〇万三〇〇〇円に位置づけられる。これが大卒初任給で、ここから

図表6-1　大企業の職能資格・職位と研修のモデル図

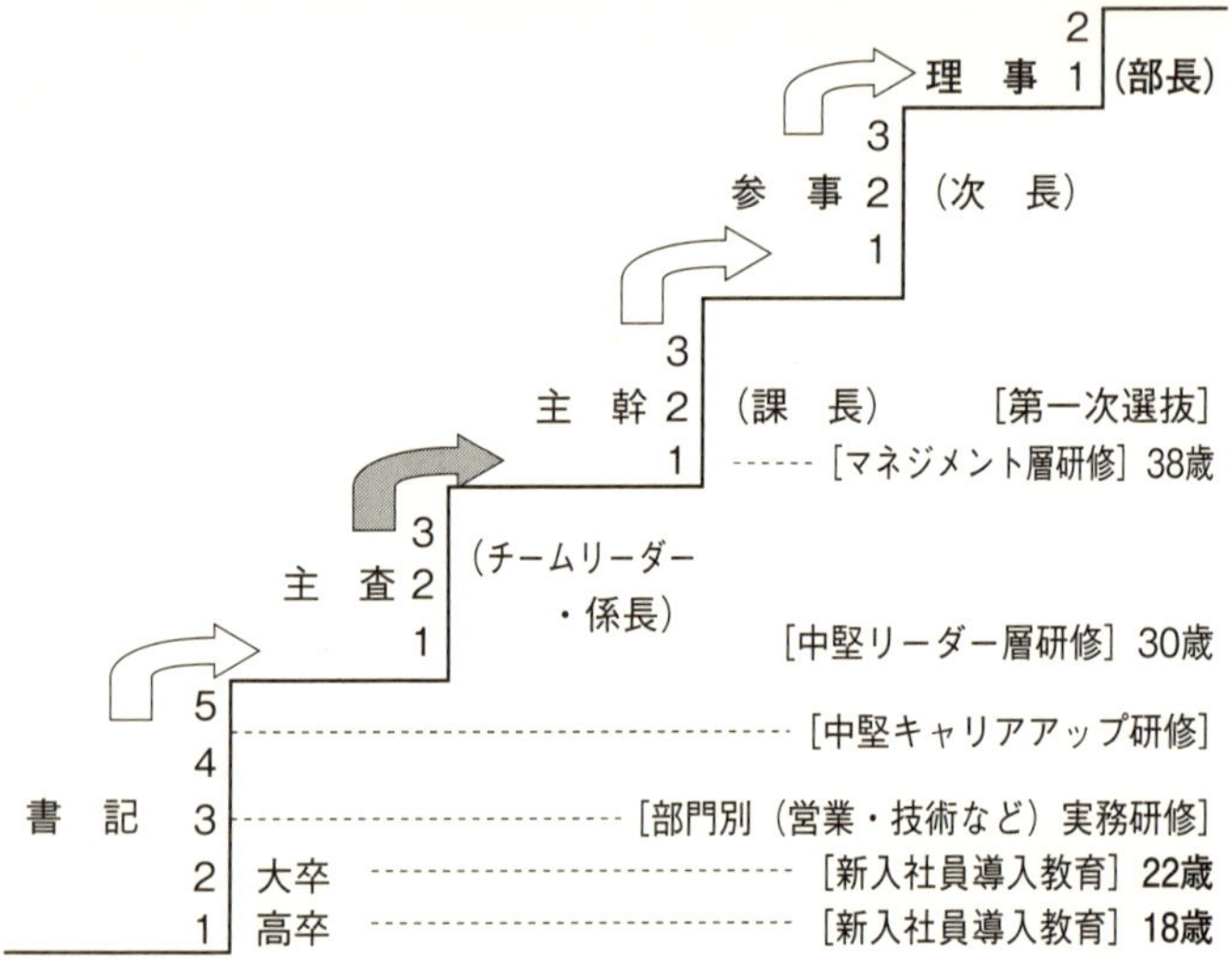

資格等級が一つ上がるごとに賃金が上がる仕組みになっている。これが能力がアップするのに連動して賃金が上がる、職能給のシステムである。

大卒の「書記二級」で大卒新入社員の導入教育を受けたあと、主としてＯＪＴでの実務研修を経験してなんとか仕事ができるようになると「三級」に昇進、また実務キャリアを積みながら中堅キャリアアップ研修を経て四〜五級、さらに中堅リーダー研修（試験や面接テストなども含む）の関門を突破して、入社八年で主査に昇格する頃にはもうチームリーダーとして新入社員の指導に当たる立派な中堅社員で、賃金も入社時の一・五倍を超える。さらに入社一五年〜一八年頃に、実務実績とマネジメント研修の関門を突破すると「主幹一級」に昇格して、職位は課長、大企業であれば年収一〇〇〇万円の「一〇万ドルプレイヤー」である。

このように、二二歳の入社時から三〇歳、三五歳と賃金が上がるのは、職能資格が上がったことによるもので、それだけキャリアを重ね、スキルをアップしたということである。

正社員がそうできるのは、会社が様々なキャリア開発システムを用意しているからである。日本の企業では、資格、職位、賃金が連動して一体的に制度設計され、実際にはモデル図にあるよりも職種・部門ごとにもっと緻密な能力開発プログラムが用意されている。それを昇進・昇格のステップごとに積み重ねていけば職務能力を獲得でき、さらに職能資格も上がれば賃金も上がるというインセンティブを持たせつつ運用されているのである。

資格・能力の「壁」

これに対して、そういう機会にまったく恵まれていないのが非正社員である。

厚生労働省が発表した調査（図表6―2）は、現在の仕事に関する資格・免許の必要性について聞いている。これによると、「資格・免許がぜひ必要だと思う」と「資格・免許があれば、なお良いと思う」を合わせた割合は、正社員が八〇・五％であるのに対して、非正社員の場合は四九・四％に留まっている。

図表6-2　現在の仕事に関する資格・免許取得の必要性（労働者割合）

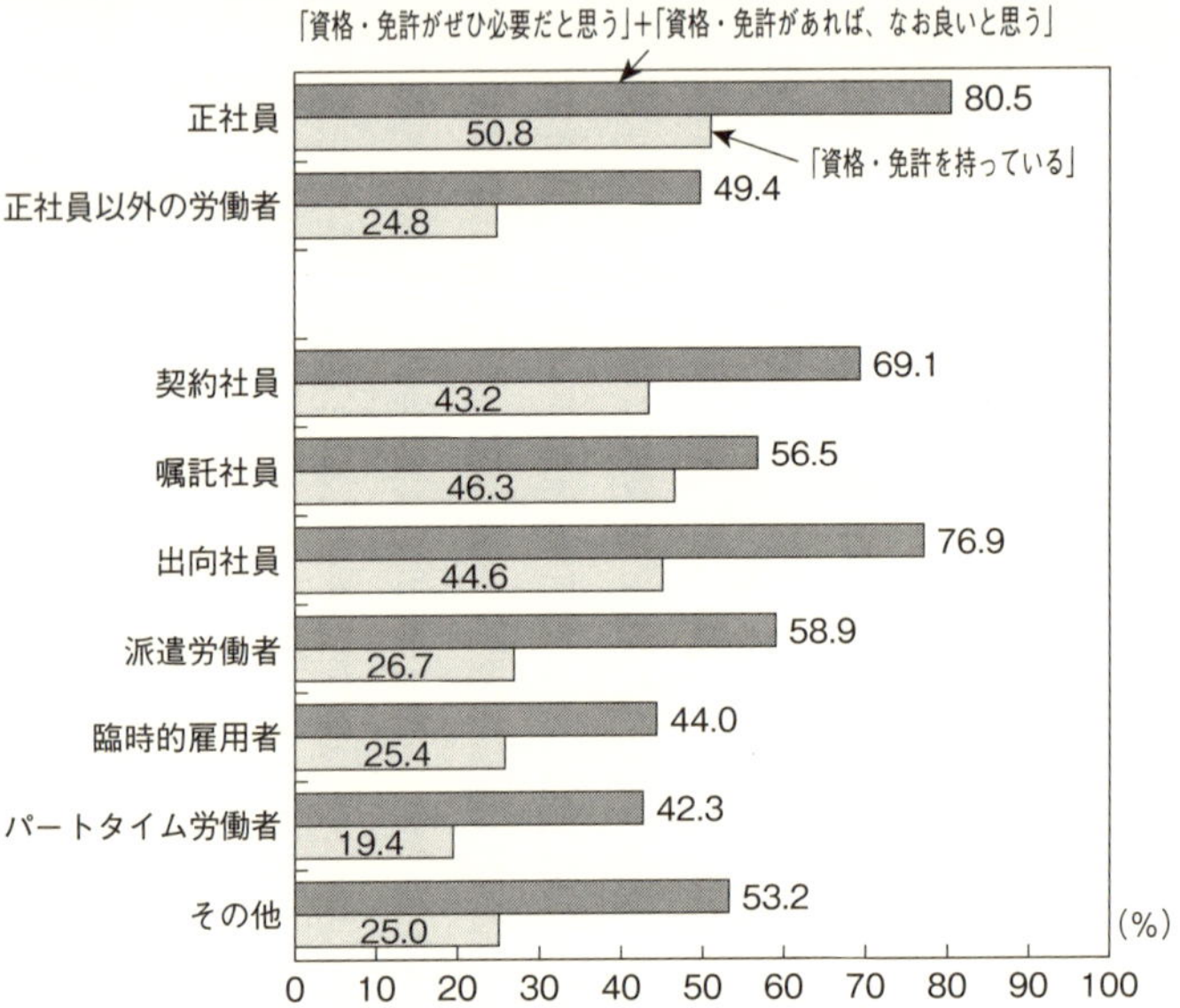

出所：厚生労働省「平成19年就業形態の多様化に関する総合実態調査」

しかし、非正社員について就業形態別に見ると、契約社員が六九・一％、派遣社員は五八・九％と、資格・免許取得へのニーズが高いことがわかる。また、取得の有無について見ると、「現在の仕事で役立つ資格・免許を持っている」割合では、正社員が五〇・八％なのに対して、正社員以外の労働者が二四・八％となっており、ここにも正社員と非正社員に「壁」があることがわかる。

このように、非正社員の人たちは、資格・免許の取得の必要性を感じながらも、実際の取得に至っていないことがわかる。

図表6-3　企業の人材育成の重視度

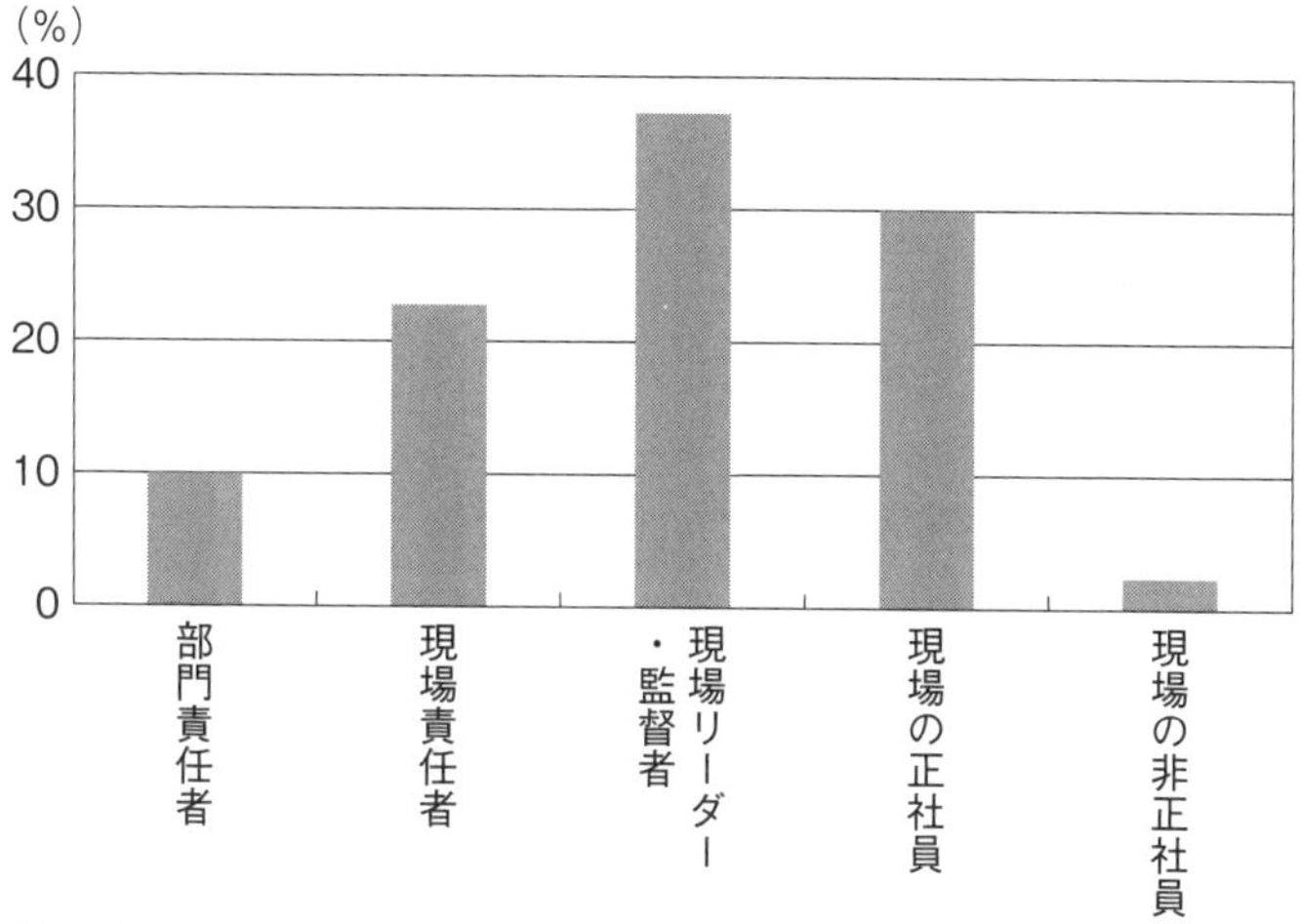

出所：内閣府「企業における人材育成に関するアンケート調査（平成18年度「経済財政白書」）

この現状について、企業はどのように考えているのか。

内閣府が実施した「企業における人材育成に関するアンケート調査」（図表6―3）によると、生産性の向上という視点から人材育成においてどういった層を重視するかという質問に対して、現場のリーダー・監督者や現場の正社員を重視していることはわかるが、現場の非正社員の人材育成が重要であるという回答はきわめて少ない。

この調査結果には、大変重要な含意があるように思える。一つは、このアンケートに答えた企業の側として、派遣にしても請負労働者にしても、他の会社から来ている人であるから、そもそも教育訓練を施す立場にないこと。また仮に教育訓練をしたとしても、非正社員は有期の雇用で定着率が低いので、長期の能力発揮が期待できないということもあろう。

しかし、これは企業側のエクスキューズではなかろうか。この調査では、現場リーダー・監督者や現場労働者、現場責任者など、「現場」を重視する回答が高くなっている。工場や店舗の現場では、非正規比率が三〜四割のところはいくらでもあり、なかには六〜七割という現場もあることはすでに述べた。こういうところで生産性向上や店舗効率を高めるには、非正社員抜きには考えられないであろう。

「現場重視」といっても、正社員だけを重視する人材育成をしていて、非正社員の人材育成を無視し続けていると、「現場」の生産性と効率を著しく低下させることに繋がるのではないか。

とは言っても、有期の雇用契約で入れ替わりの激しい派遣や請負労働者の教育訓練を、派遣先の個別企業にその責任として押し付けるのは、現実的ではない。では、どうすればいいか、そこは政策の打ち方次第である。

2　正社員から非正社員への政策シフト

「フレキシキュリティ」

〇二年の不況の際は、もう一歩で失業率六%というところまで高まったが、その当時、連合が全国各地のハローワーク前で八三〇〇人から聞き取りの「全国雇用（失業者・求職者）アンケート」を実施した（図表6―4）。結果は「再就職するために教育訓練を受ける必要がある」と答えた人が四二・八%と最も多く、「受ける必要はない」は一九%に留まっていた。

〇九年は、〇二年を上回る不況による失業者の急増が予想され、公的職業訓練や再就職支援の必要性は、この時以上に高まっている。こうしたなか、デンマークの雇用労働市場を取り上げた特集が、このところテレビなどでよく放送される。それらのどれもが、デンマークは雇用の流動性が高く、工場では毎年四人に一人、あるいは三人に一人が辞めていくと報じている。この点に関しては、すでに三年前に樋口美雄氏と財務省財務総合政策研究所がまとめた研究報告のなかでも、「デンマークの労働市場は転職率が高いという特徴がある。デンマークでは年間およそ八〇万人が転職すると推定され」、それは労働力の約三〇%に相当すると報告されて

図表6-4　再就職するために教育訓練を受ける必要性（%）

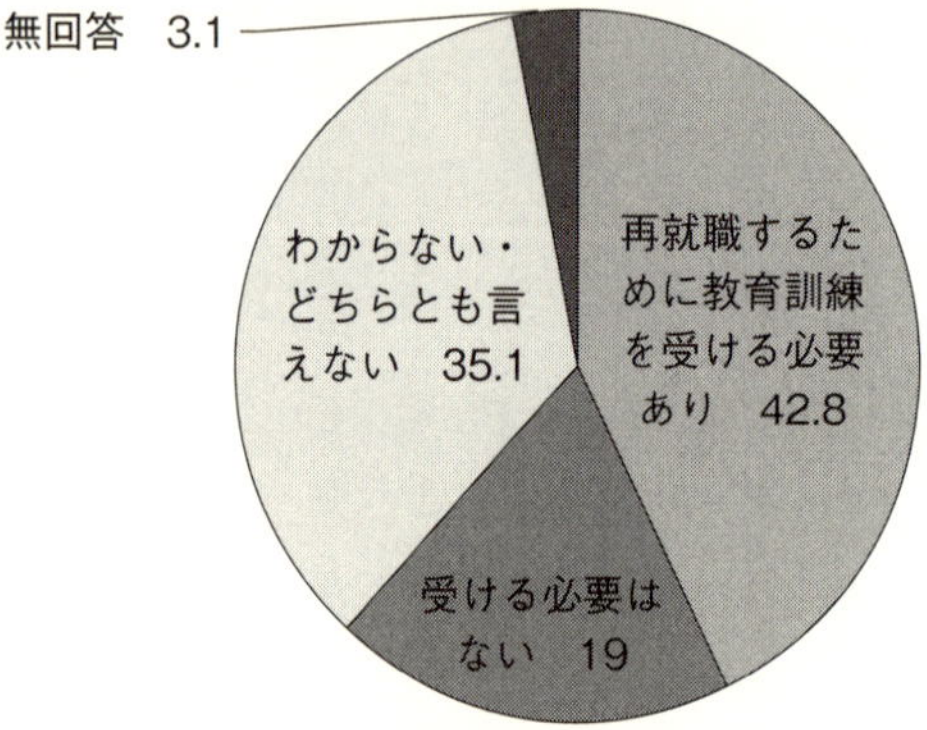

出所：連合「第2次全国雇用（失業者・求職者）アンケート」（2002年4月）

いる。[2]

この報告書によると、他の欧州諸国と比べて、デンマークは労働者の平均転職回数が六回とEU加盟国のなかで最も高い。ちなみにEU加盟国の平均は三・八回である。しかし、失業率も六%程度に低下してきており（〇九年現在五%）、これは高い雇用柔軟性（フレキシビリティ）と社会扶助による所得保障（セキュリティ）とを組み合わせた造語である〝フレキシキュリティ〟という言葉で表現されている。

このようなデンマークの雇用施策の核心は、失業した労働者に対する失業手当を厚くして生活を安定化し、教育・職業訓練によるスキルアップを図り、より高い雇用機会への就労を支援するところに、際立った特徴がある。

求められる政策シフト

〇八年春に、ＯＥＣＤ（経済協力開発機構）が約二年ぶりに「対日経済審査報告書」（二〇〇八年版）を公表した。今回の報告書の特徴は、非正規労働者の増大による正規と非正規による労働市場の二極化を取り上げ、とりわけ非正規労働者に対する職業訓練の必要性を強調した。

日本の職業訓練は、これまで長期的な雇用関係を基本としていたため、「例えば、失業者に対する公的訓練予算規模は、〇五年度では対ＧＤＰで〇・〇四％にすぎず、ＯＥＣＤ加盟国平均の〇・一七％を大きく下回っている」と指摘している。その上で、企業内訓練をほとんど受けられない非正社員、とくに〝フリーターと呼ばれる人たち〟の間では、職業経験を積むことなく、仕事に就くことすら難しいというように問題が集中して起こっているとして、公的職業訓練の拡充を求めている。

ＯＥＣＤの指摘を待つまでもなく、わが国においても、公的教育訓練、就業支援については、すでに多くの制度が用意されている。その主なものをまとめたのが図表６―５であるが、これには日本の公的教育訓練施策の特徴が表れている。

一番上の教育訓練給付制度は、主体的な能力開発の取り組みを支援し、雇用の安定と再就職の促進を図ることを目的とする雇用保険の給付制度で、雇用保険の一般被保険者（在職者）ま

図表 6–5　わが国の主な公的職業訓練と就業支援制度

名　称	制度の目的・対象	給付額
教育訓練給付制度	雇用保険の支給要件期間が3年以上（初めての場合は1年以上）	教育訓練経費の20％上限10万円
ジョブカフェ	「若者自立・挑戦プラン」の非正社員の職業訓練の得る機会を提供	
ジョブカード	キャリアや職業訓練の履歴を記録し、一定の職業能力があることを証明	
就業促進給付	「再就職手当」安定した職 「就業手当」非常用の場合など	上限は、5,915円 上限は、1,774円
トライアル雇用助成金	中高年齢者、若年者、母子家庭の母等を3カ月雇い入れる事業主	月額4万円、最高3カ月合計最高　12万円
雇用支援制度助成金	トライアル雇用から常用雇用へ移行	30万円支給
若年者雇用促進特別奨励金	25歳以上35歳未満の不安定就労の期間が長い若年者等	25～30歳：10万円 30～35歳：15万円
特定求職者雇用開発助成金	身体障害者、高齢者、若者などを雇い入れる雇用保険の適用事業主	20万～40万円
年長フリーター助成	同上の25～39歳を対象に検討	50万～100万円

たは一般被保険者であった人（離職者）に対して、教育訓練施設に支払った教育訓練経費の一定割合に、相当額を支給する制度である。

例えば、情報処理技術者資格、簿記検定、社会保険労務士資格などを目指す講座など、厚生労働大臣の指定する教育訓練を受講し修了した場合、教育訓練経費の最高二〇％に相当する額（上限一〇万円）がハローワーク（公共職業安定所）から支給されるというものである。かつてこの制度は、事業所で行う教育訓練に対して事業主に支給されていたものであったが、個人に支給されるような現行の制度になって、サラリーマンやＯＬの多彩な職業能力アップに対応する、日本の職業訓練における公的支援の代表的な制度になっている。しかし、この制度は雇用保険の二事業をベースにしているためもあって、雇用保険の支給要件期間が三年以上の者など（一部例外的に一年）、対象者が限定されている。

これに対して、二番目のジョブカフェは、企業内で職業能力を形成する機会のない人々を対象に安定した雇用への移行を目指すため、職業訓練施設や企業現場において所定の職業訓練を得る機会を提供するためのものである。

ジョブカフェとは、〇三年に政府が策定した「若者自立・挑戦プラン」の中核的施策に位置づけられたもので、地域の実情に合った若者の能力向上と就職促進を図るため、若年者が雇用関連サービスを一カ所でまとめて受けられるようにした職業訓練・就業支援施策である。〇五年の安倍内閣の「フリーター二十万人常用雇用化プラン」に基づいて、地方自治体や産業界、各種学校と連携して、生活設計からカウンセリング、職業訓練、就職支援までのワンストップ・サービスセンターが設立され、すでに全国で一〇〇カ所以上ある。

ジョブカフェとともに、政府の中心的な施策となっているのが、〇八年四月にできた「ジョブカード制度」である。これは、「成長力底上げ戦略チーム」による「成長力底上げ戦略（基本構想）」において柱の一つとして〇七年二月一五日に提言された。過去のキャリアや職業訓練の履歴を記録し、一定の職業能力があることを証明するのが、このジョブカードである。フリーター、子育て終了後の女性、母子家庭の母親のみならず、幅広い若年層、短期雇用者、高齢者にも対象が拡大し、ジョブカードの活用でキャリアアップした能力をもとに、就業・再就職に結びつけることを目指している。

再就職・就業を促進するための施策としては、就業促進給付の「再就職手当」「就業手当」がある。また、身体障害者、高齢者、若年層など就職が困難な特定の求職者層について、試行的に短期間（原則三カ月）の雇用を雇い入れる企業に対して、トライアル雇用助成金（試行雇用奨励金）を交付している。ステップアップ雇用に助成することを通じて、就職の実現や雇用機会の創出を図る。さらに、労働者の常用雇用への移行に対して「雇用支援制度助成金」の支給がある。とくに、二五歳以上三五歳未満の不安定就労の期間が長い若年者の安定した雇用を促進するため、「若年者雇用促進特別奨励金」も用意されている。また、「年長フリーター」を正規雇用に採用する企業」に助成する制度が、現在検討されている。

このように、わが国の公的教育訓練と就業支援施策は、正社員中心から非正社員へとシフトしていることは評価できる。しかし、まだ問題点もある。

3 組合とネットカフェへ高まる期待

三つの問題点

日本の公的な教育訓練・就業支援の施策には、三つの問題点がある。

第一は、それらの施策の到達目標が「正社員」をゴールにしてきたことである。正社員として就労ないしは再就職することを否定するわけではないが、正社員になるつもりのない人、あるいはなりたくてもなれない人もいるのだから、正社員化を最終ゴールにするのは現実的ではない。ましてや、制度にもとづく給付で、例えば「就業促進給付」の安定した雇用の「再就職手当」（五九一五円）と、非常用雇用の場合の「就業手当」（一七七四円）との間で、金額に差があるのはおかしいのではないか。これは、雇用主への給付金であるので、常用雇用になるべく誘導するための措置だというのだろう。しかし、たとえ非正規であっても、ともかく雇用に結びつけることの方が、雇用機会を拡大させるという意味から現実的な政策であると考える。制度上は、正社員と非正社員との区別をなくすことが望ましい。

第二は、これらの施策の支給要件や給付条件に関して、雇用保険の加入期間による差があることである。これは制度の多くが雇用保険のスキームのなかで行われているため、仕方のないことではある。しかし、これまでは雇用保険の主たる加入者の正社員が失業して、失業手当給付金をもらいながら教育訓練を受けて再就職するというスキームでよかった。だが、もともと雇用保険にも入らない非正社員の場合は、申請のところで門前払いになってしまうケースも出てきている。だから、社会保険への加入を推進するというのだろうが、そうはいかない現実がある以上、雇用保険加入期間要件を切り離した制度設計を考えるべきである。

第三に、教育・訓練機関の運営機関と窓口にかかわることである。図に掲げた施策の多くはハローワークなどの公的機関が窓口になっていることが多い。正社員でもそうだが、ましてやフリーター、日雇い派遣などの非正社員にとってハローワークは敷居が高い。行くと、早く就職活動をしろと叱られるばかりで、なんとなく近寄りがたいところがある。政府が、ジョブカフェを作るにあたってこの敷居を低くしたことは、一連の公的教育訓練施策のなかで画期的なことであった。

この公的教育訓練機関には、片やハローワークなどに代表される公的機関、片やNPOなど、両極端である。普通の失業者や非正社員が教育訓練を受けたいと思っても、一方の公的機関には堅苦しさを感じ、他方のNPOなどのボランティア団体は、存在そのものの認知度が低く、近寄り難い、というのが実情である。それぞれの労働者は、それぞれの属する労働市場が違うので、失業したりするとそれぞれがハローワークに行ったり、リクルート誌や派遣会社のウェブサイトや携帯電話など、自分の属するルートで職探しをすることになる。他のルートには、心情的になかなか行きづらいのである。それなのに、教育訓練の場が政府・自治体とNPOの両極端しかないのは、行き場がないに等しいと言えるだろう。

〇八年度にスタートした政府のジョブカードは、この制度にもとづく企業での有期実習型訓練について、初年度一万人の参加を予定していたが、上半期までの実績はまだ五〇人あまりという。この制度で、フリーター、母子家庭の母親、若者たちの誰にとっても、より使いやすくするためにルートを多様化しなければならない。

敷居の低さがカギに

公的教育訓練の窓口と再就職・就労支援のルートを多様化するために、本章の最後に労働組合とネットカフェの二つに関して提案したい。

まず、労働組合の活動である。労働組合なんて、フリーターや日雇いなど非正社員にとっては役所と同じで敷居が高いのではないか、という向きもあろう。確かに、正社員で高い賃金をもらっている人たちの労働組合には、彼らは違和感を持っているだろう。しかし、連合も非正規労働センターを作って活動を始めている。連合にあるのは組織人員七二〇万人という数の力である。教育訓練・就労支援に貢献できる取り組みについて、この数の力で強化していけば、それを足場に非正規の人たちにも広げていくことができよう。

例えば、電機連合では〇三年に「電機産業職業アカデミー」を作り、組合員への電話によるキャリアカウンセリング、傘下の大企業の営業、ＩＴ、ものづくり、ヒューマンスキルなどの研修の開放と参加、各企業組合のキャリア開発推進者の育成などの活動を展開している。[3] この「職業アカデミー」の取り組みは、もともと〇二年に策定した電機連合の「二一世紀運動ビジョン」がベースとなっている。自主共済活動、メンタルヘルス相談などと一体になったトータル生活サービスの一環で、さらにそれらを通じて派遣人材の組織化をも視野に入れたものであった。

こうした電機連合の取り組みは、まだ組合員のなかに留まっているが、徐々にその外にも広げ、連合全体レベルの取り組みにしていくことで、非正社員との連携を築くことができよう。電機連合は、〇九年二月の中央委員会で、非正規失業者への一億円の支援資金の創設を決定した。これによって職業訓練・就業支援事業を実施し、その上で職業紹介をすれば、支援事業として完結し、会社から紹介料を取ればまたより多くの事業枠を拡大できよう。政府はＩＴ分野の雇用創出として、四〇～五〇万人のＩＴ人材の育成プランを進めているが、その教育機関に労働組合が名乗りを上げるべきだ。

しかし、それでも非正社員にとっては労働組合も遠い存在である。そこで、彼らにとってもっと身近なところに、公的教育訓練のアクセスルートを広げていくことを考える必要がある。最近は、ネットカフェ業界も競争が激しくなっており、なかには「ロング」など一カ月単位の宿泊契約をすると割り引くというところも出てきている。そんななかに「郵便受け取り」「住民登録可」などの「就職支援サービス」を謳《うた》って差別化を図ろうとするところも出てきているらしい。

また、ウィークリーマンションのツカサは、二坪くらいのネットオフィスが不振になったため、これを板敷きや畳敷きに変えた「ネットルーム」として一泊一八〇〇円で提供するサービスを始めている。ツカサのウェブページには「完全個室」「ネットＯＫ」と並んで「就職支援プログラム」のコピーが目につく。

ネットカフェやネットルームの「就職支援」のサービスは、非正社員の公的教育訓練の窓口として、きわめて示唆に富んでいる。ネットカフェやネットルームならば、派遣労働者にとっても行きやすいし、教育訓練・就労支援に結びつけるには、この敷居の低さが重要である。説教をされそうなハローワークや、敬遠されがちなＮＰＯの共同生活シェルターでの就労支援などではなく、筆者はネットカフェやネットルームが教育訓練・就労支援の場として最も有望であると考える。

また、経済財政諮問会議の労働市場改革専門調査会でも同趣旨の意見を述べたが、当時はあまり多くの人の賛同を得ることができなかった。[4] 八代尚宏会長だけが、政府も公的職業訓練のミーンズテスト（社会保障給付申請者についての資産調査）を通じて試行中であり、民間活力の有効活用の点から重要な視点だと賛成してくれた。

最近ようやく〝非正規リストラ〟を巡る報道のなかで、派遣社員の教育・就労支援の場としてネットカフェやネットルームのことが取り上げられるようになった。これならば、窓口の堅苦しさや違和感もなく再就職や就労へのルートが繋がる可能性がある。労働組合やネットカフエ、ネットルームに留まることなく、こうした民間活力を活用して再就職や就労のルートをより多様化することが重要なのである。

注

1 日本経済新聞二〇〇九年一月三一日付
2 樋口美雄、財務省財務総合政策研究所編著『転換期の雇用・能力開発支援の経済政策』（日本評論社、二〇〇六年）
3 高崎レナ「強い個人を創るために—電機産業職業アカデミーの取り組み」（「日本労働研究雑誌」二〇〇八年八月号所収）
4 内閣府経済財政諮問会議ホームページ「第二〇回労働市場改革専門調査会議事録」（二〇〇八年五月八日）

第7章

ソーシャル・セーフティネットとしての雇用保険改革

1 「不作為のミス」が生んだ空洞化

約六割が「生活の危機」に

第1章でも少し触れたが、厚生労働省は、雇用保険の適用対象であるのに加入していない恐れのある労働者が、二〇〇七年に最大約一〇〇六万人に上るとの推計をまとめた。この一〇〇六万人は、日雇い派遣労働者やパート労働者など非正社員が多いと見られている。

非正社員の雇用保険への加入状況については、厚生労働省の調査（図表7―1）があるが、これによると非正社員の雇用保険への加入率は六三％となっている。つまり、未加入比率は四〇％弱ということになる。このうち出向社員は在籍出向で、また嘱託については最近、定年後の雇用延長が増えており、契約社員も正社員と同じ勤務実態なので、雇用保険の加入率が高くなるのは当然である。しかし、派遣労働者の七七％、パートの五六％が加入しているというのは納得しがたい。これでは、雇用保険の未加入者率は、派遣労働者が二三％、パート労働者が四四％ということになり、これは著しく実態とかけ離れていると言わざるを得ない。

政府が行った調査を、頭から間違っていると決めつけるのには、それなりの根拠があっての

図表7-1　雇用形態別の雇用保険適用割合

（%）

正社員	99.4
非正社員計	63.0
出向社員	87.4
嘱託社員	83.5
契約社員	79.0
派遣労働者	77.1
パートタイム労働者	56.4
臨時的雇用者	28.7

出所：厚生労働省「平成15年就業形態の多様化に関する総合実態調査」

ことである。もう一つ、厚生労働省の調査結果を紹介したい。図表7—2は、〇五年に厚生労働省の職業安定局需給調整事業課が請負業の実態について調べたアンケート調査の結果である。これは、社会保険の加入状況について、請負労働者自身に尋ねたものである。その結果は、健康保険に加入している人が八三・〇%、厚生年金も七六・〇%、雇用保険に至っては実に九一・二%が加入していると答えている。これが本当なら、請負労働者には、社会保険未加入の問題はないと言っていい。

この調査がまとまった直後に、製造派遣・請負業界の事業者団体である日本生産技能労務協会の会員交流シンポジウムが開催され、筆者も講師として参加していた。ここに招かれて講演した厚労省の需給課長が、この調査について報告し、この社会保険のくだりで、「この結果は皆様の実感とは違うかと思いますが……」と言って、さっさと次の説明に移ってしまった。

図表7-2　請負労働者の社会保険の加入状況

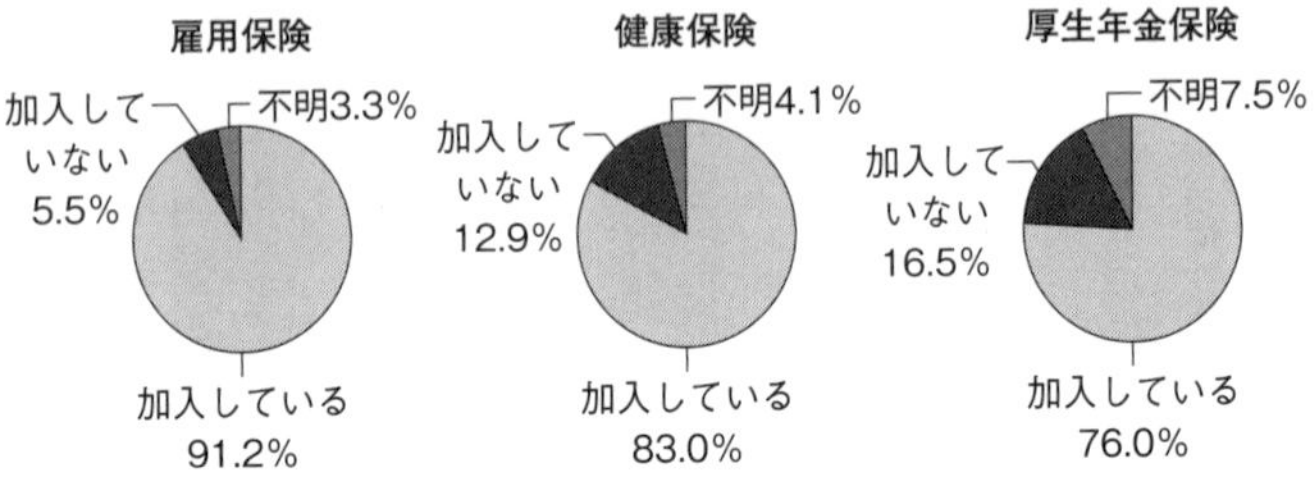

出所：厚生労働省職業安定局「労働力需給制度についてのアンケート調査」（平成17年）

なぜ、こういうことになるかというと、この種の調査の場合、業界団体が会員企業を通じて調査票を配布することが多く、請負・派遣会社の方も常用雇用で、比較的長く働いている労働者に配布しているので、正社員に近い結果になるのである。

先に述べたように、非正社員のうち一〇〇六万人が雇用保険の未加入であるとすると、非正規労働者一七八〇万人のうち約六割で、これが雇用保険に未加入と見た方が実態に近いと考えられる。今回の〝非正規リストラ〟では、その六割近くの人たちが、雇用保険による保障から漏れ落ち、生活の危機にさらされているのだ。

非正規リストラの深刻さ

二〇〇〇年代初頭の雇用危機の時には、〇三年四月には完全失業者数三六五万人、失業率は五・五％（季節調整値）のピークに達し、雇用保険の受給者数は一〇〇万人を突破した。この時の失業は、正社員の失業がメインで、ＩＴ不況でリストラされた電機大手企業の中高年は、定年扱い退職金に莫大な割増金を加えて、およそ五〇〇〇万円をもらったとの話もあり、「大名リストラ」と呼ばれたものであった。こういう恵まれた人はほんの一部としても、この時は〝正社員リストラ〟であったので、失業者の多くが雇用保険を受給できたのである。

ところが、今回は「非正規リストラ」である。正規だろうが非正規だろうが、いったん失業してしまえば同じではないか、と言うかもしれないが、それは違う。今回は、雇用保険の一般求職者等給付が受けられないため、問題の深刻さという点で、決定的な差があるのである。

雇用保険受給率の低下

こうした事態は今に始まったことではなく、九〇年代後半から徐々に進行していたのである。図表7―3を見てもらいたい。これは、完全失業者数と雇用保険受給者の実数をグラフに表示したものである。また、図表7―4が雇用保険の受給率と非正規労働者の比率を明示したものである。

なお、この図表の雇用保険の数字は、各年八月のものをとっている。八月というのは、雇用保険の受給者実数が一年のうちで最も多くなる。それは、かつては地方からの出稼ぎ労働者や期間工がお盆になると地方に帰り、秋の稲刈りまで雇用保険をもらおうとしたことに起因して

図表 7-3　完全失業者数と雇用保険受給者数の推移

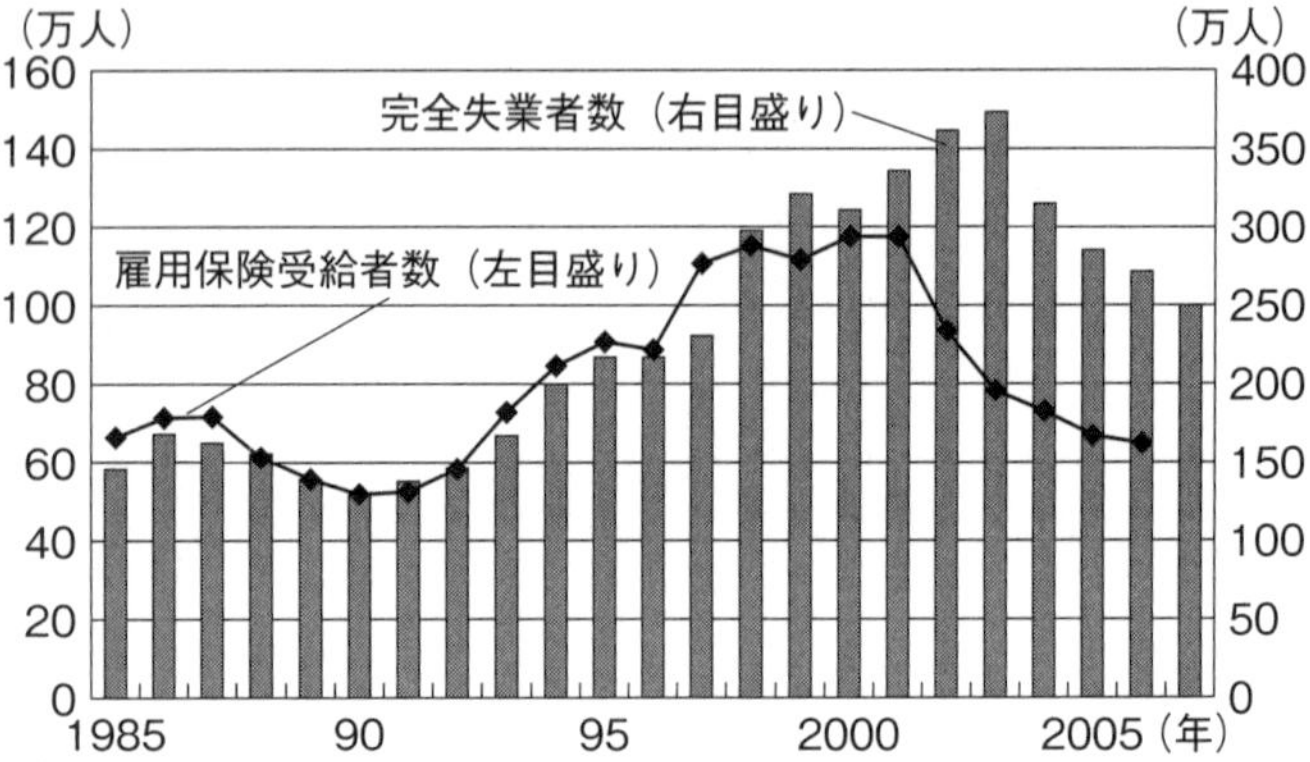

出所：総務庁「労働力調査」、厚生労働省「雇用保険事業年報」

図表 7-4　非正規労働者比率と雇用保険受給率の推移

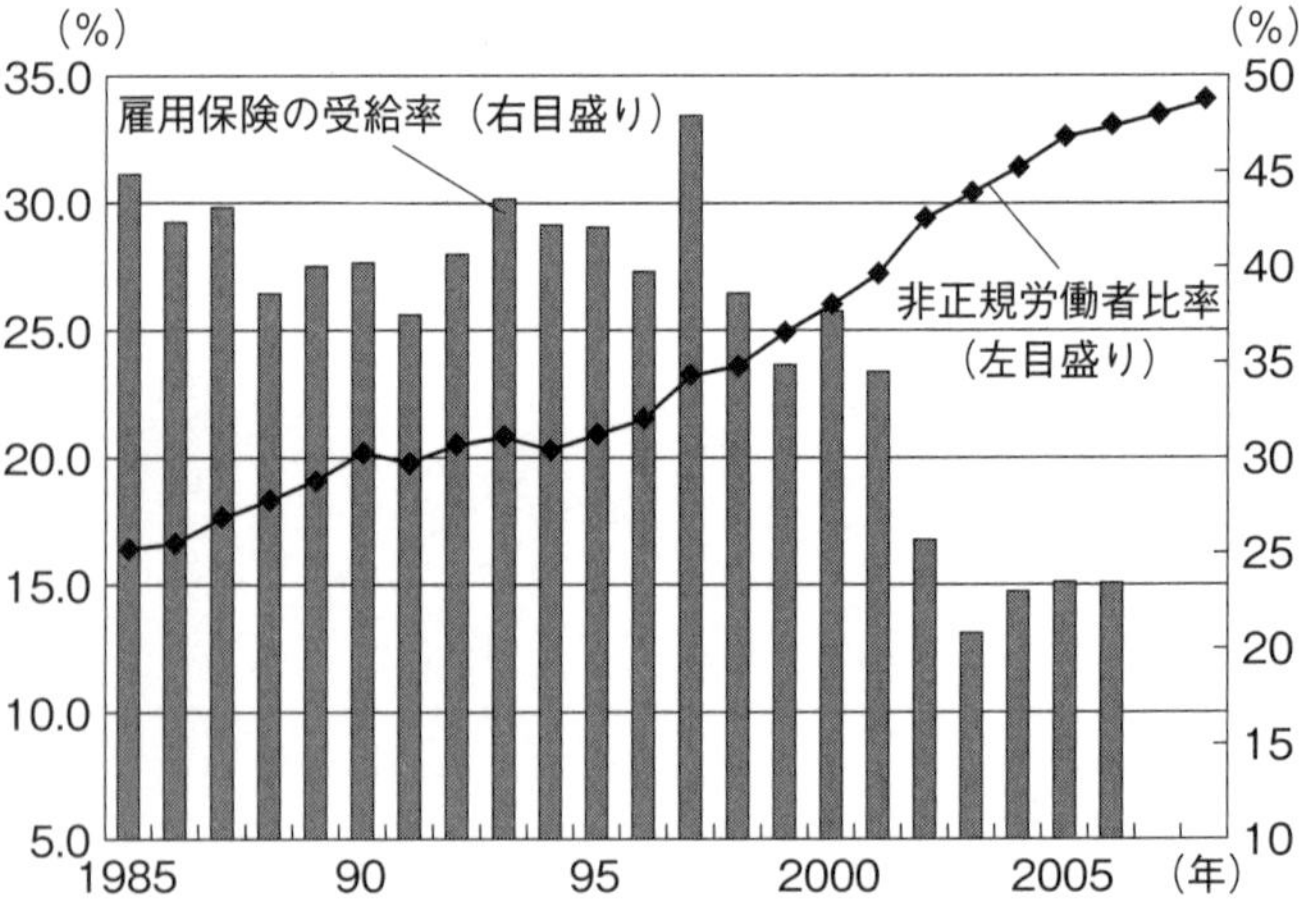

出所：同上

いる。現在でも、地方からの派遣・請負労働者には、こういうパターンの人が多いと言われている。

図表7―4の雇用保険の受給者比率を見ると（棒グラフ・右目盛り）、派遣法ができた八五年から九六年までの約一〇年間は、若干の上下があるものの四〇％から四五％の間を推移してきた。しかし、九七年の四七・九％をピークに低下が始まり、IT不況の〇一年頃からさらに下がり、最近では二〇％を少し超える水準まで落ちてきている。

これに対して、非正規労働者比率は（折れ線グラフ・左目盛り）、九六年頃までは二〇％を中心にした緩やかな上昇であったが、やはり九七年を境に急激に高まり、〇六年には三三％に達している。非正規労働者比率の上昇と雇用保険の受給者比率の低下との関係は、完全に逆相関になっており、背後に非正規労働者の雇用保険未加入という問題があることがうかがえる。つまり、雇用保険の空洞化が進んでいるのである。

雇用保険の空洞化

にもかかわらず、厚生労働省は〇七年の雇用保険法の改正で、かえって受給要件を厳しくしてしまった。それで、雇用保険の「保険料を払ったのに、失業手当をもらえない」という事態が起こっている。

雇用保険では、自分の都合で会社を辞めたケースと、会社の事情で退職させられたケースとでは受給資格を分けていたが、従前は「自己都合」の退職者であっても、雇用保険の加入期間が六カ月以上であれば、受給資格を得られた。しかし、雇用保険法の改正で、「自己都合」に限って一年に延ばされた。保険支払い期間が六カ月から一年未満の人は、「自己都合」だと失業手当の支給が不適用になったのである。

このことを報じた朝日新聞によると、[1]失業手当の給付が適用されなかったというケースが多発しているらしい。給付が不適用の理由は、前の雇用主が発行した離職票のなかの退職理由の欄に「自己都合」とチェックを入れられているからだという。元の雇い主が「自己都合」に記入するのは、「会社都合」にして解雇者を出すと、新たに労働者を雇う際に国から支給される助成金をもらえないことが多いためであるらしい。だから、こういう雇用助成金のようなバラマキ施策はやめた方がいい。百害あって一利なしである。

このように、雇用保険の実務面でも空洞化が進んでいるのは、雇用保険制度そのものに問題があるからである。それは、雇用保険に限ったことではなく、健康保険や公的年金保険など社会保険の全般で起こっていることであるが、どうしてそうなってしまったのか。図表7―5を見てもらいたい。

まず雇用保険では、その適用条件が「一年以上引き続き雇用されることが見込まれること」

図表 7-5　各種保険の適用要件

	適用要件
雇用保険	１週間の所定労働時間が20時間以上で、かつ１年以上引き続き雇用されることが見込まれること
短期雇用特例求職者給付	離職前1年間に被保険者期間が通算６カ月以上
日雇労働者求職者給付	２カ月間に26日、６カ月間に78日間以上
厚生年金保険	１日または1週間の所定労働時間および１カ月の所定労働日数が正社員のおおむね3/4以上
国民年金第３号被保険者	被保険者の配偶者で、年収が130万円未満
健康保険	１日または1週間の所定労働時間および１カ月の所定労働日数が正社員のおおむね3/4以上
被扶養者被保険者	被保険者の同一世帯で、年収が130万円未満

となっている。失業手当の給付を受ける際に、一年以上引き続き雇用されるかどうかと言われても、一カ月、三カ月の雇用契約で働いていることの多い派遣労働者は、正直には答えられないだろう。まあ、「その意思はある」と答えておけばいいのだろうが、そうだとしても、そんな曖昧なことが給付の適用条件になっていいのだろうか。そう言うと、「一年以上というのは、あくまでも建前だから」と反論するのだろうが、物事の建前には必ず別の思惑が潜んでいる。

この適用条件には、もう一つ「一週間の所定労働時間が二〇時間以上」という条件がある。これと、先ほどの「一年以上引き続き雇用」との二つの条件を合わせると、正社員ないしはそれに近い働き方を求めていることが見えてくる。

こうした考え方は、健康保険や厚生年金保険にも存在する。「所定労働時間および所定労働日数が、正社員のおおむね四分の三以上」と、やや文言は違うが、正社員ないしは限りなく正社員に近い働き方を、その条件として求めていることがわかる。

この雇用保険が求めている「週二〇時間以上」「一年間以上の継続雇用の見込み」という要件は、非正社員にとってハードルが高すぎる。

制度疲労の雇用保険

会社に勤めていたサラリーマンやOLが失業した場合、最後のセーフティネットは雇用保険である。ただ、わが国の労働者保護の法制は、一日八時間、週五日、一カ月二〇日、年間で二三〇日間働く労働者を保護するものであり、雇用保険もその考え方に準拠している。

しかし、近年では一日八時間ではなく、四、五時間働きたいとか、あるいは週五日ではなく三日間働きたい、またある数年の間だけ育児や介護、あるいはサバティカルなどで働き方を変えたいと思う人が、男女問わず出てきている。

例えて言えば、日本全体でも一つの企業でもいいが、一本の大きな木であるとする。その幹や生い茂った枝や葉に従業員や労働者がいて、普段はつつがなく過ごしている。何か台風などで幹や枝が折れたりすることがあっても、木の下にはネットが張ってあって、直接下に落ちないような仕組みになっている。しかし、その木の枝ぶりが大きく張り出すようになったにもかかわらず、セーフティネットの大きさがそのままであるために、張り出した枝葉にぶら下がっている、主に非正規と言われる人たちは、世界大不況という風に煽られて、生活保護のところまで直接たたき落とされてしまったのである。

非正規雇用という枝ぶりを大きくしたのだから、それに合わせて安全網の方も広げておかなければならなかったのに、かえってネットを狭めるようなことをしているのである。明らかに雇用保険制度が時代の環境に合わない制度疲労に陥っている。これは、行政府と立法府の不作為のミスである。

2　使いづらい雇用保険制度

非正規労働者のための雇用保険制度とは

非正規労働者の雇用が不安定なのは、「細切れ契約」だからだと言われる。しかし、ちょっと考えてみればわかることであるが、雇用期間が終了しても、次の仕事がすぐに見つかり、またその次と引き続いて仕事が繋がれば、雇用は安定している。

ところが、派遣や請負労働者の場合は、次の仕事までの間に発生する失業リスクが正社員に比べると極端に高い。にもかかわらず、失業のセーフティネットとしての現行雇用保険は、いま見てきたように短期雇用の非正規労働者をまったく想定しておらず、派遣や請負労働者にとってはきわめて不十分で、この人たちの生活の安定にはほとんど役に立たない。

短期雇用契約でも不安定でなくする方法として、雇用から次の雇用への繋ぎの「不安定」を、「安定化」する施策はないか。以下の特例制度にそのヒントが隠されている。

沖縄県には、「出稼ぎ手帳を持って本土に出稼ぎに行って、六カ月働いて帰ってくると失業保険がもらえる」という話がある。この話を初めて聞いたのは、二〇〇〇年の秋、筆者が電機総研で「電機産業の請負労働者」に関する本邦初の調査に携わっていたときである。大阪大学の小嶌典明先生による製造請負大手へのヒアリングで、当時のクリスタル（のちのグッドウィル）から聞いてきた話で、沖縄から出稼ぎに来る労働者が一番優秀で、長く勤めてもらいたいのだが、「彼らは六カ月で帰ってしまうのですよ」と、ぽろっと呟いたという。どうしてですかと聞き返したら、雇用保険があるからだという。[2]

現行の雇用保険に、「短期雇用特例求職者給付」という制度がある。月に一一日以上を就労して、六カ月間就労すると、「特例一時金」を四〇日分（法は三〇日）を支給する制度である。つまり、沖縄から本土の工場に六カ月間出稼ぎに来て働いて帰ると、四〇日分（二カ月分）の失業保険の特例一時金がもらえるというのが、この制度である。

これであれば、本土賃金六カ月分に「特例一時金」二カ月で計八カ月の収入があることになる。これだけもらえれば、あとは、少しアルバイトでもすれば、沖縄では一年間暮らせるという。

この制度は沖縄だけではなくて、鹿児島、青森、秋田、北海道などからの出稼ぎ労働者に広く活用されており、事実上、これら有効求人倍率が極端に低位の道県の地域限定になっている。

この話を最初に聞いてからかなりの年月が経ったので、もう今ではなくなっているかと思っていたら、〇八年にＵＴグループの日本エイムから、また同じ話を聞いた。

同社は、半導体や液晶など先端工場への製造請負を行う、従業員数六五〇〇人を抱える製造請負・派遣の大手である。同社のユーザーは半導体・液晶などの工場が中心であるため、技術的な特性から、派遣・請負労働者といえども技能の蓄積が必要になる。ここが自動車組立工場など、派遣してすぐにラインに入れる職場とは違うところで（自動車は正社員と派遣・請負の単純工程をはっきりと切り分けている）、同社の従業員を「期間の定めのない雇用契約」にしている。

しかし実際に終身雇用の人は七割に留まり、残る三割が「短期の契約社員」である。この短期契約の社員には、沖縄からの出稼ぎの人が多く、この人たちは六カ月間働いて、今でも「短期雇用特例求職者給付」をもらうことを選択する人が多いという。

また、この制度とは別に、厚生労働省には「出稼ぎ労働者支援対策」という事業がある。これは、「出稼ぎ労働者の健康診断や相談など、安定就労の確保と福祉の増進を図る」ことを目的としたもので、地元の職安が市長村の協力を得て「出稼ぎ労働者手帳」を交付している。これもまた、北海道、青森、岩手、秋田、石川、沖縄などは、この事業に対して国から補助事業費支出の認定を受けている。これらの道県は、上記の「短期雇用特例求職者給付」の受給地域と完全に重なり合っている。

この二つの制度はもともと別の制度であるが、地域が重なっていることから、「役場で『出稼ぎ手帳』をもらえば、本土で六カ月間働いて帰ると、二カ月分の失業手当をもらえる」と、一般に流布されている。

二つの制度は別物であるので、これは誤解である。しかし、実はこの誤解が重要である。二つの制度がうまくマッチングされて運用がなされているから、こうした誤解が生まれるのだ。したがって、このことが派遣や請負労働者の役に立つ雇用保険を考えるヒントになる。

雇用保険の日雇い労働者への適用

〇八年二月、フルキャストやグッドウィルの違法派遣問題の発覚を受けて、厚生労働省は

「違法派遣一掃プラン」を発表した。これは、「日々又は三〇日以内の期間を定めて雇用されている」という、いわゆる「日雇い派遣労働者」雇用の安定と労働者派遣事業の適正化を図るための緊急措置で、このなかに「日雇い労働保険手帳を提示した者に対して、その手続きを適正に促進せよ」という趣旨の一文があった。これは、日雇い大手の業務停止などで、仕事にあぶれた日雇い派遣労働者に、せめて雇用保険の恩恵を受けられるようにしてほしいという、派遣労働者を組織している労働組合やインディーズ系ユニオンなどからの要請に応えてとられた措置である。

もともと、厚生労働省は「スポット派遣は雇用保険法制定時には想定外だった。就労業務が生活の糧で、仕事探しが難航していることが失業給付の前提だが、スポット派遣は片手間の就労である可能性もあり、実態調査のあと、判断する」として、日雇い派遣の雇用保険の適用には、どちらかというと消極的であった。また、フルキャストは、同社の労働組合の要請を受け、厚労省に対し日雇労働求職者給付金の適用事業所とするよう申請したが、同省は「日雇い労働者を派遣することは、これまでになかった新しい労働形態」とし、適用するかどうか態度を曖昧にしていた。

しかし、〇八年春以降、「日雇い派遣」への風当たりが強くなるなかで、国会でも建設、港湾の日雇い労働者向けの「日雇労働求職者給付」が適用できないのかという質問が相次ぎ、厚生労働省としても何らかの対応を迫られた。このため厚労省としても「雇用保険の支払いを通じ、安定した就労に繋がるよう支援していきたい」という方向に転進せざるを得なくなったのである。

そこで、厚生労働省は〇八年九月に、日雇労働求職者給付制度を日雇い派遣労働者にも適用することにした。これは、一歩前進であったと言える。

使いづらい「日雇い雇用保険」

しかし、日雇い雇用保険の対象が派遣労働者にまで拡大されたにもかかわらず、それから一年経っても申請をしたのが四件止まりで、実際に受給した派遣労働者はたった一人だったことが、厚生労働省の調査で明らかになった。少なく見積もっても全国で約一〇万人はいるとされる日雇い派遣労働者のなかで、日雇い雇用保険の受給者が一人に留まった最大の原因は、手続きの煩雑さにある。

これは、先に示した雇用保険の適格要件に照らしてみても、やはり長期雇用の正規労働者を前提に制度が設計されており、雇用期間が三〇日以内の期間を定めて雇用されている労働者であるとか、ましてや日々雇われている短期労働者は想定外であった。

それでも、パートや派遣などの短期雇用労働者の増加につれて「短期雇用者特例被保健者給付」制度が作られ、日々の雇用についても日雇労働求職者給付制度があった。ただ、この雇用保険は、建設現場作業員などを対象にしたものである。

日雇い労働者本人が所轄の公共職業安定所に出向いて「雇用保険印紙購入通帳」の申請をし、日雇労働被保険者手帳の交付を受けて、その「日雇い手帳」を事業主に提示する。業者は「印紙」を買ってきて（これが保険料の納付にあたる）、それを労働者本人に渡し、「日雇い手帳」の台紙に貼付して、二六枚溜まると月一三日分の日雇労働求職者給付を受けられる、というものである。

こんな七面倒な手続きでも活用されてきたのは、東京・大阪の特定の地域に居住して仕事を得るという、いわばそこが会社や工場のような形になっている上に、目と鼻の先に就労支援センターがあり、すぐに手続きができたからである。

しかし、広域に散在する不特定多数の求職者が、複数の派遣会社に登録して、携帯電話でのやりとりを通じて不特定な時間・場所に行って仕事をするという、現在の日雇い派遣労働者にとって、この日雇い雇用保険はいかにも使い勝手が悪い。このような煩雑な手続きを要するのでは、日雇い派遣労働者が実際にこの制度を利用するとは思えない。

3　派遣・請負労働者に喜ばれる雇用保険とは

有期雇用のセーフティネット

派遣や請負で働く非正社員にとって、失業のセーフティネットとして役に立つ雇用保険制度改革とは、どうすればいいのか。経済財政諮問会議の労働市場改革専門調査会の「第四次報告」では、この点について次のように述べている。

非正規労働者の正規化を図ることは、政府の新雇用戦略のなかでも重要な柱の一つとなっており、「短期雇用契約でも『雇用』から次の『雇用』への繋ぎをできる限り『安定化』する政策について検討する必要がある」とし、「非正規労働者の雇用が『不安定』なのは、雇用契約の期間が短期で『細切れ契約』であることによるが、仮に雇用期間が終了しても、次の仕事、またその次と仕事が繋がれば、雇用は安定する」との認識を示している。

その上で、「派遣や請負の労働者の場合は、次の仕事までの間に発生する失業リスクが正社員に比べると極端に高いことも勘案しつつ、とくに雇用保険の適用要件の一つである『一年を超えて雇用が見込まれる者』について再検討するなど、有期雇用のセーフティネットの在り方について、非正規失業への滞留を避け、正社員化が進む形で、一層検討を進めていく必要があろう」としている。

この傍点の部分は、前後の文章とつながらず、まったく意味不明であるが、おそらく各方面との調整により入り込んだのだろう。これを飛ばして読むと、雇用保険の適用要件を緩和して、派遣や請負労働者にも適用せよと言っているのである。

この文言が政府文書のなかに登場したということは、雇用保険史上で画期的なことであるが、では具体的にどう雇用保険制度を変えるのかについては、この報告書は一言も触れていない。

「日雇い雇用保険」の改革案

そこで、この報告書の趣旨を踏まえて、ここでは派遣や請負、さらには日雇い派遣労働者のためになる雇用保険制度改革について、次の点を提案したい。

第一は、法改正をしたり、新しい制度を作ったりする必要もなく、すぐにもできる緊急措置を取ることである。それは、すでに沖縄の雇用保険の運用で述べた、現行の雇用保険制度のなかの「短期雇用特例求職者給付」と「出稼ぎ労働者支援対策」事業を活用することで、それを地域限定ではなく全国規模に広く普及させることである。

とは言っても、東京のような大都市圏の労働者には、「出稼ぎ労働者手帳」という名称はふさわしくないので、「テンポラリー雇用手帳」とでも名称を改めて、非正規労働者の失業リスクを安定化するようマッチングしていくことである。

第二は、日雇い派遣の労働者に対しても、日雇労働求職者給付制度を利用しやすくするために、申請の手続きに関して、「印紙」などという前時代的な方式ではなく、ポイントカード方式の「日雇い労働者カード」にしてコンピュータで管理する方式に改めることである。これは、先の「テンポラリー雇用手帳」と統一して、派遣業者が日雇い派遣として活用するのは「日雇いカード」を所有する労働者に限り、「日雇い労働保険」加入と雇用保険料支払いを義務づける。

この点について、厚生労働省はフリーターなどが就職活動で使う経歴などを記載した紙の就職支援カードのICカード化を進めている。[3] 就職支援カードは「ジョブカード」とも統一されることが望ましいと考える。いずれにせよ、雇用保険との連動には保険料の納付逃れをどう防ぐかとの問題が残るが、失業手当申請の時には保険料未納が発覚するので、元雇用主に厳しい罰則と賠償責任を負わせれば、事前に防止できるはずである。

第三に、雇用保険の未加入者への緊急対策として、特例一時金の拡大適用を図る必要がある。これをいつでも恒常的に使えるような制度として整備するには、失業したら雇用保険の加入の如何にかかわらず、特例の一時金を支給できるよう、最低生活を保障する基礎的失業給付を制度化する必要がある。

第四に、非正社員への社会保険適用範囲の拡大に伴うその財源措置である。自民、公明両党は、緊急経済対策の柱の一つとして、パートなど非正規雇用者を正規雇用に切り替える際、事業主が負担する必要がある社会保険料を三年間程度補助し、国が事実上、肩代わりする政策を次期衆院選マニフェスト（政権公約）に盛り込むことを考えているという。また、政府は雇用保険料の引き下げを検討しているとの話もある。労働保険特別会計の積立金が過去最大規模の約五兆円にのぼっているからこういう話が出てくるのであろうが、仮に実施してもほとんど効果がないのでやめた方がいい。

むしろ、雇用保険料については本則一〇〇〇分の一九・五％に戻して、徴収を強化すべきである。これから雇用情勢が悪化し、失業率が高まることが予想される。サラリーマンやＯＬの最後のセーフティネットの財源なのだから、いくら貯まっても構わない。これを〝埋蔵金〟などとは、絶対に言わせない。

さらに、雇用保険料の現行一・五％は、原則労使折半して負担しているが、派遣を使ってメリットを享受しているのは受け入れ企業でもあるのだから、それ相応の分担を求めて保険料負担は「労働者・派遣企業・受け入れ企業」の〇・五％ずつの〝三方一両損〟とするのがよい。

そうすれば、派遣労働者の負担も軽減される。政府がやるべきことは、どうしてもその負担が困難な中小の受け入れ企業に対して、〇・五％あるいは一・〇％などに軽減する補助措置をとることである。

最後に、こうした雇用保険制度の拡充策を取ろうとすると必ず出てくる批判が、不正受給の横行への懸念、モラルハザードの問題である。かつて、ある職種で短期間働いては求職者給付を受けるという、制度の悪用が全国各地で目につき、雇用保険改正の一因になった。一部には今でもそのような話があって、短期雇用者や日雇いなどの受給を緩和すれば、これがまた復活するというのである。

これを防ぐ手立ては、モラルに期待するほかなく、正直言って決め手はない。北欧の国々のように高度な福祉国家では、不正に対して市民からの告発が有力な手段になっているようだが、高率の消費税のもとでの福祉社会に対する市民としての意識がこうさせるのだろう。「告発社会」を容認するか、少々の不正受給に目をつぶるか、社会としてどちらがいいかという選択である。もちろん筆者は後者であるが、読者の皆さんはどうお考えだろうか。

注

1　朝日新聞二〇〇八年一〇月一八日付
2　電機連合「電機産業の雇用構造に関する調査」(電機連合「調査時報」NO．323の業務請負会社H社の事例報告、二〇〇一年)
3　日本経済新聞二〇〇八年一〇月一八日付

第8章

派遣・フリーターももらえる年金制度改革

1　非正規問題は将来の「無年金問題」

非正社員の六割が年金未加入

「消えた年金」の問題は、すでに三年目を迎えても解決の目途はついていない。仮に解決したとしても、それは年金に加入していた人たちの「消えた」部分が回復するだけの話であって、もともと年金に加入していなかった人たちや、入っていても支給要件に満たなくて年金がもらえなかったり、支給を受けても額が少なくて老後の生活が送れない人たちの問題は、未解決のままである。

雇用の非正規化が進み、年金保険未加入の人が増え続け、将来の無年金層拡大をもたらすという現実の方が、「消えた年金」もさることながら、もっと看過できない大問題であろう。

では、非正社員のうち社会保険に未加入の人たちは、実際どのくらいいるのだろうか。厚生労働省の「就業形態の多様化に関する総合実態調査」によると（図表8―1）、正社員の公的年金への加入率は九九・三％であるが、契約社員は七二・二％、嘱託社員は八四・二％、出向社員は八九・三％と高いことがわかる。正社員はともかくとして、契約社員や嘱託社員、出向

図表8-1　雇用形態別の公的年金加入率

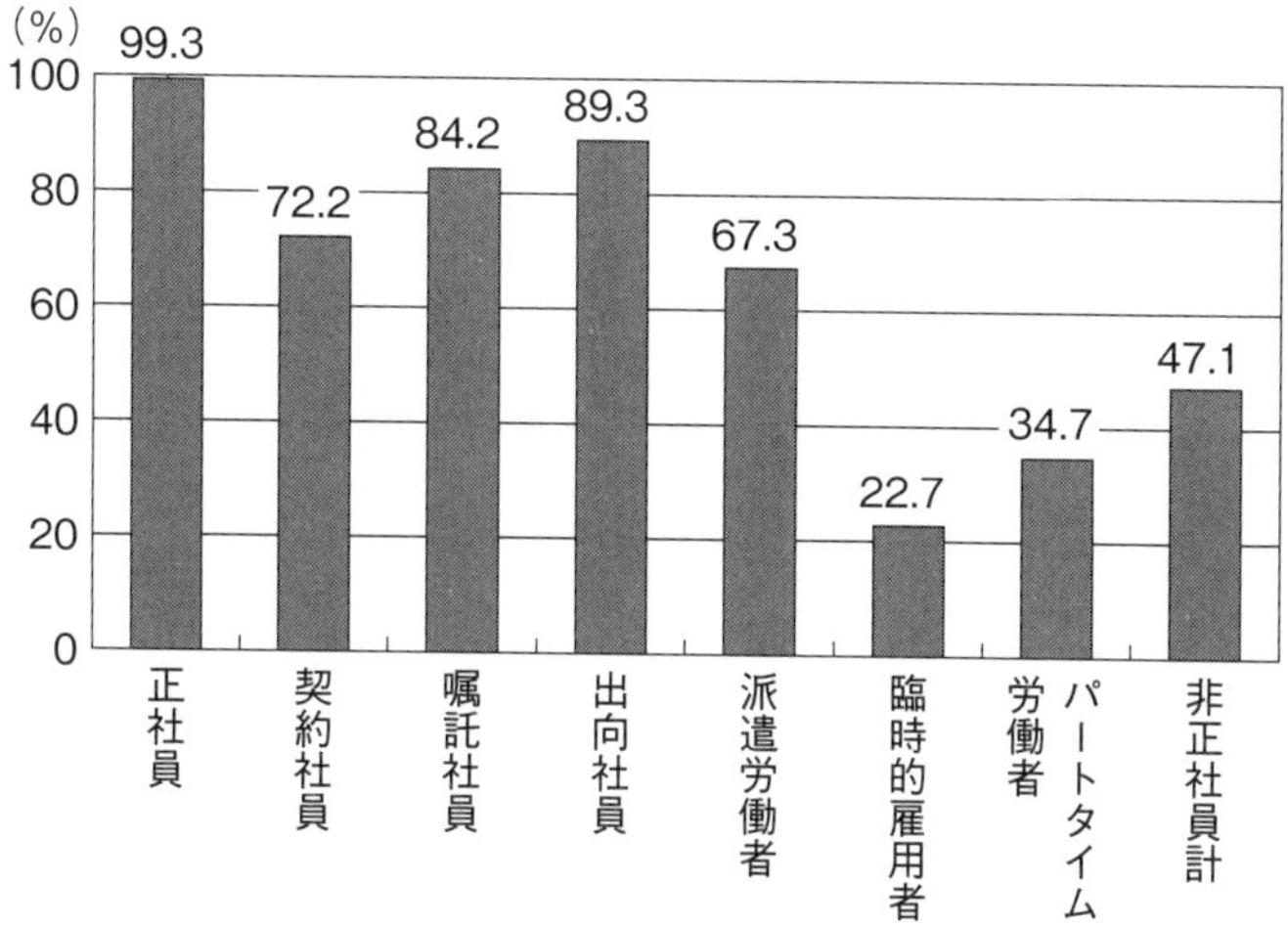

出所：厚生労働省「就業形態の多様化に関する総合実態調査」

社員は正社員と同じ勤務体制で変わりなく、社会保険に加入しているので、年金加入率が高くなっているのは当然である。

しかし、派遣社員の場合は六七・三％、パートタイマーは三四・七％、請負労働者や期間工などが含まれる臨時的雇用者は二二・七％と低くなっている。非正社員計でも加入率は四七・一％に留まり、残りの五三％が公的年金制度に未加入である。

この統計は、先に雇用保険のところで述べたように調査方法に制約があるため、加入率が高く出る傾向があるので注意した方がいいが、前述の雇用保険のケースのように、公的年金については未加入者の推計を行っていないので、正確な実態の把握は困難である。それでも過半が未加入ということは、およそ実態に近いと見ていいだろう。

これらの人たちは、公的年金制度がこのままだとすると、将来必ず無年金層となることが容易に予想できよう。非正規労働者が一八〇〇万人の時代、非正規問題は同時に将来の無年金者問題でもある。これについては、今から考えて対策を立てておく必要がある。

本章では、「就労形態や生き方の多様化」に対応した「非正規労働者一八〇〇万人時代」の公的年金制度のあるべき姿を描き出そうとしている。それにはまず、現行年金制度の問題点から見ていくこととしたい。

公的年金は積み立てではない

わが国の公的年金制度は、年金加入者数六五〇〇万人で、現在の積立金は厚生年金と国民年金合わせて総額一四〇兆円に達する巨大なものである。この年金積立金は、日本の特別会計二〇〇兆円のなかでも七割を占め、特別会計の〝埋蔵金〟のなかでも最大のものである。

年金問題を少しでも勉強したものであればわかることであるが、こんなに莫大な額を貯めておく必要がないというのは常識である。現在の年金の支給総額は、年間四七兆円であるから、四年分に近い積立をしている。実は、こんなに積立をする必要はまったくないのである。だからといって、筆者が〝埋蔵金〟の議論に与するというわけではない。

一般的には、積立金が多い方が安心だと思うだろう。人々がこのように考える背景には、個々人が毎月納付している年金保険料が積み立てられて、老後にその積み立てた分から年金を受け取ると錯覚しているからである。社会保険庁が、保険料をきちんと納付しないと将来年金がもらえないなどと脅しめいたことを言うものだから、そう錯覚するのだ。実際には、その年に納付したお金は即座に高齢者に支払われてしまう、〝その日暮らし〟なのである。だから若干の積立金は必要だが、欧州でも三～四カ月程度が常識で、日本の四年分近くというのはあまりに大きすぎる金額である。

このように、わが国の公的年金制度は積み立て方式ではなく、その時の高齢者の月々の年金支給を、同時代の現役世代が支えるという賦課方式である。

現在の年金制度は二階建てになっており、一階部分の老齢基礎年金部分は共通化されているが、二階の報酬比例部分は高齢者全体を支える一本化された年金制度ではなく、年金制度が並立する形になっている。わが国の公的年金制度は、大きく分けてサラリーマンが加入する厚生年金、公務員が加入する共済年金、それに自営業や最近は非正社員が加入する国民年金の三本立てになっており、加えてサラリーマンの妻に特別措置がある形である。

図表8-2　現在の3つの年金制度（夫婦2人モデル）

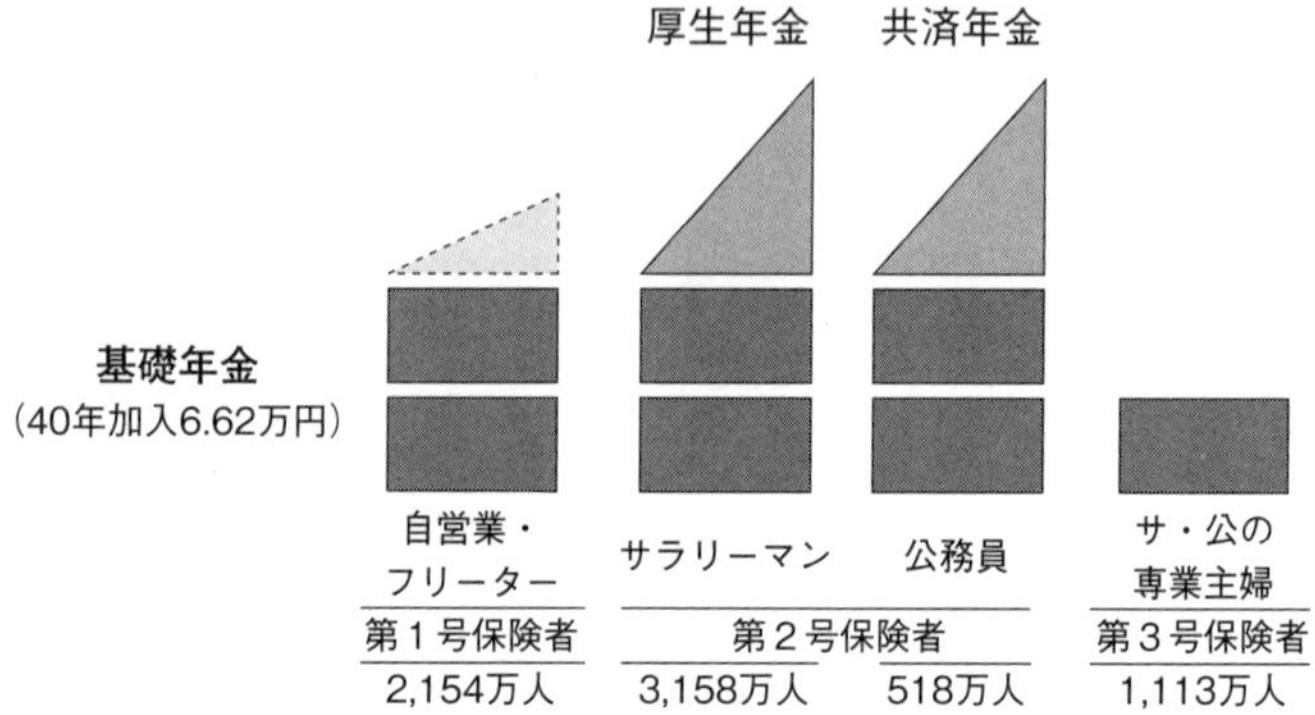

「格差年金」「空洞化」「非正規化」

日本の公的年金制度は、一九六一年に国民皆年金制度がスタートしてから四八年になる。それからおよそ半世紀、今、制度としての成熟期を迎えたが、まさにそのときになって、制度的な破綻の危機に直面している。

それは、次の三つの側面から確実に進行している。

①格差年金

年金というと、夫婦二人で毎月二三万円がもらえるという話になる。しかし、これは二〇歳から六〇歳まで年金保険料を四〇年間払い続け、現役時代の月収が四七万円強という、標準的というか中レベル以上の世帯主に、同い年で専業主婦の奥さんがいるというモデルの話である。実際にはこれより低い人の方が多く、年金受給者の平均は一九万円程度である。

また、結婚しないで働き続けた短大卒のシングル女性の平均的モデルを考えると一六万円くらいだろう。もちろん、専業主婦で離婚した女性の場合だと、自分の基礎年金六万六〇〇〇円くらいしか支給されない。

こうしたシングル・ライフや離婚女性などの増大は、現行の年金制度が設計された当時は想定されていなかったことで、もはや制度そのものを抜本的に改革する必要に迫られている。さらに、共済年金は同じく二人モデルで二六万円程度という水準に達する。

他方、国民年金の単身者公的年金は六万六〇〇〇円、夫婦二人でも一三万円である。国民年金基金の上乗せ年金制度があるが、任意加入であるので公的制度とは言い難く、厚生年金や共済年金との格差が大きすぎる。

これまでは、国民年金の主たる加入者である自営業者や農業従事者などは、高齢になっても就業して収入があることから、それを想定して低い水準に設定されていた。しかし、近年はパートタイマー、派遣・請負労働者、また専業主婦、離婚した女性など、就業形態の多様化を反映した多様なライフスタイルの人々が国民年金に加入している。しかし、これらの人々は自営業者や農業従事者などとは違って、六〇代半ばを過ぎても働き続けられる保証はなく、このままだと将来は大量の低年金層を生み出すことになる。このように、格差年金という構造的な欠陥が顕在化した以上は、制度を再設計し直す必要がある。

②空洞化

第二は、年金保険料の未納者が急激に増大していることである。社会保険庁が発表した国民年金の納付率は、〇七年度で六三・九％となっているから、未納率は三六・一％ということになる。都道府県別の納付率を見ると、東京五九・二％、大阪五四・四％、沖縄四二・八％がワースト3である。

しかし、この納付率の計算にあたって、社会保険庁は分母から保険料免除者を除いており、実際に保険料を払っていない未納比率は平均でも五〇％に達しようとしている。また、厚生年金の被保険者数も、九七年の三三四七万人をピークに年々減り続け、〇一年は三二一九万人と、この四年間で一〇〇万人も減少した。

このような年金制度への未納・未加入の増大は、将来は無年金層を大量に生み出す可能性があり、まさに「年金の空洞化」が始まっているのである。しかし、政府の社会保障国民会議は、国民年金のこのような事態について「現行の納付率で将来無年金者が大きく増大することは考えにくい」としている。だが、この現状認識は甘すぎはしないか。

例えば、ＮＩＲＡ（総合研究開発機構）の「就職氷河期世代のきわどさ――高まる雇用リスクにどう対応すべきか」（二〇〇八年四月）という研究調査報告書では、就職氷河期世代が六〇代になったときの潜在的な老後の被生活保護者数を推計している。

図表 8-3　就職氷河期世代の働き方変化数、および潜在的老後被保護者数

（単位：万人）

		働き方変化	潜在的老後被保護者数
2002年時点	非正規雇用	137.2	54.0
	無業者	54.5	32.3
	合計	191.7	86.2
生残率調整後（65歳まで生き残る場合）	非正規雇用	123.0	48.4
	無業者	49.0	29.0
	合計	172.0	77.4

出所：NIRA（総合研究開発機構）の「就職氷河期世代のきわどさ」(2008年4月)

この報告書によると、〇二年時点での就職氷河期世代の非正規雇用について、前世代と比較した増加分は一三七・二万人、無業者は五四・五万人、合計一九一・七万人として、このうち潜在的老後被保護者は、八六・二万人となる。これは、〇二年時点のそれであって、彼らが老後（六五歳以上）に生き残る確率で調整すると、潜在的な老後被保護者数は、七七・四万人になるとしている。

この推計は就職氷河期世代だけのものであり、非正規雇用はこの世代に限ったことではなく、その前後の世代にもいることになるので、実際はより広範に、量的にもより大きくなることになる。

このように、雇用の非正規化の現実を見れば、誰の目にも年金制度の空洞化は明らかで、このままだと年金制度はいずれ破綻するのではないかとの危惧を、誰もが抱き始めているのである。

③ 制度疲労

第三に、わが国の公的年金には内在する制度的欠陥がこれ以外にもある。

その一つは、世帯主を中心とした夫婦二人世帯をモデルとした年金制度で、離死別した妻、単身者、フリーターには、制度的な保障がほとんどないことである。

いま一つは、保険料の負担や徴収などを企業に大きく依存した企業主義である。誰でも学校を出たらすぐ会社に入り、定年まで勤め、またほとんどの人が結婚し、一度結婚したら生涯離婚しないことを前提に、企業を通じて保険料を徴収するという制度設計が、「非正規労働者一八〇〇万人時代」に著しい不適合を来しているのである。

最後に、誰もが自分が老後にいくら年金をもらえるのか、自分では計算できないことがある。社会保険事務所の相談窓口や年金コンサルタントに聞けばわかることであるが、知ることによって将来の見通しが暗く感じられるから、そこで思考停止してしまっている。それなのに、負担増の情報だけはいやでも入ってくるので、不安にかられるのである。自分の年金がいくらなのか、それがすぐにわかるシンプルな年金制度になぜできないのか。誰もがそう感じているのではないか。

図表 8–4　社会保障国民会議による、社会保障拡充に必要な追加の消費税率（2025年）

（％）

	社会保険方式	全額税方式
年金	1	3.5～8
医療・介護	4	4
少子化	0.4～0.6	0.4～0.6
基礎年金の国庫負担の引き上げ	1	1
合　　計	6	9～13

社会保障国民会議の試算

こうしたなかで、政府の社会保障国民会議は、〇八年一一月、社会保障制度の拡充のために必要な財政試算を盛り込んだ最終報告を取りまとめた。この会議の座長の吉川洋東大教授から麻生太郎首相に提出されたこの報告書は、公的年金、医療・介護、少子化対策の社会保障の三本柱について、団塊の世代が七五歳以上にさしかかる二〇二五年頃を見据えて、改革の理念と方向やその財源のシミュレーションを示している。

この報告書については、新聞論調も「どの程度の財源が必要なのか客観的に推計しようとした努力の跡がうかがえる」（日本経済新聞）と評価する半面、「年金に対する方針を示さず、財源として消費税六～一三％という負担の強化だけを求めている」（毎日新聞）と、評価が分かれている。年金制度に関しては二つの方式を両論併記する形になっていて、曖昧さが残るのは確かであるが、具体的な数値目標を掲げて提示している点は、今後の議論にとってわかりやすい。

そのなかで、これから議論すべき課題として国民負担の財源の問題があるが、その点でこの報告書は注目していいシミュレーションを行っている。それをまとめたのが図表8―4である。これは同報告書から、社会保障拡充・機能強化に必要な追加財源を、二〇二五年における消費税率換算で示したものである。

今回の報告書は、社会保障財源について社会保険方式をとった場合と、全額税方式にした場合と、二つのケースに分けて推計している。社会保障拡充・機能強化に必要な追加財源は、二〇二五年には消費税率換算で社会保険方式にすると六%、全額税方式にすると九～一三%になるとしている。

この報告書は、社会保障拡充・機能強化には財源が必要で、ましてや全額税方式にすると莫大なお金がかかるということを暗に匂わせ、負担の増加を求めているのだという論評も一部にある。この種の穿《うが》った見方に与しなくとも、このシミュレーションには見かけの消費税率を大きく見せようとする意図が見え隠れすることは確かである。

仮にそういう意図のもとのものであっても、この推計の含意は社会保険方式と全額税方式とのケースで、それに必要な財源を同一の手法で行っていることである。その結果、必要財源の合計で、社会保険方式では消費税六%、全額税方式だと一三%と大きな差が出てくる。医療・介護、少子化対策の必要財源は同じであるので、その差はすべて年金財源の差である。この限りでは、社会保障財源の問題は年金問題であると言える。

このように年金財源で違いが出るのは、税方式にした場合の給付は、ある一定年齢に達すればすべての人に支給することになるが、その際、これまでの保険料について納付・未納の人の扱いを、納付者に足して上乗せ加算するのか、未納者から支給額を減額するのか、それによって必要財源の差が出るのである。

社会保障国民会議としては、どちらかに決めかねて「両論併記」となっており、その決定は政治に委ねられることになった。

「不合理な格差」のない年金とは

ただ、同報告書はこの答申にあたって、「社会保障の制度設計に際しての基本的な考え方」を指示している。そのなかで、二つの重要なことを言っている。

まず一つには、社会は個人の自助・自律を基本としており、一人一人の安全と安心は、相互の助け合い・連帯によって支えられているのであるから、この社会保障制度は所得再分配の機能を通じて、「給付の平等・負担の公平という『社会的公正』を実現する」と言っていることである。

いま一つは、団塊世代が七五歳になる二〇二五年以降を見通し、人々の暮らしや価値観の変化に対応して、社会保障制度は個人の職業選択、就労形態や生き方の選択によって制度の適用、給付や負担に「不合理な格差が生じるようなことがあってはならない」としている点である。

高齢期の所得保障は、なんと言っても公的年金が中心柱である。だから、国民は公的年金制度には長期的に安定した制度を求めて、またその給付に「不合理な格差のない」年金であることを望んでおり、さらに何よりも「そこそこの生活ができる」程度の給付水準を期待している。付け加えれば、本当にその水準の年金がもらえるのであれば、国民の大多数は、その財源として消費税でもいいと考えているのではないだろうか。

問題は、その年金の支給水準の中身が、例えば「九～一三％」という消費税負担に見合うものであるかどうかである。この間、政府が実施してきた介護保険にしても、また医療制度の改革にしても、介護や医療の給付が良くなることを示さず、逆に悪くしておいて負担を求めるから、国民の反発を買うのである。本当に改革したいのならば、まず「こんなに良くなる」という中身を提示して、ついてはそれに見合った消費税の負担を求め、選択を迫るような議論に国民を巻き込むことである。

また、報告書が言うような「就労形態や生き方の選択によって制度の適用、給付や負担に『不合理な格差』のない年金」とは、わかりやすく言えば、パートタイマーや派遣、請負労働者、あるいは日雇い派遣などで働くフリーターという人たちが六五歳になったときに、この人たちも同じ年金をもらえるということであろう。

2　年金を巡る一三の改革案

各界の年金制度改革

以上のように、わが国の年金制度には二大欠陥がある。二大欠陥とは、現役時代の職業や所得、なかんずく企業の規模と格によってもらえる年金が違ってくる格差年金であること、そして保険料の未納・保険制度への未加入による空洞化が進行していることである。しかも、その制度的な欠陥が、雇用の非正規化の進展によって構造的に増幅されている。

社会保障国民会議は「将来無年金者が大きく増大することは考えにくい」と言っているが、誰もそうは考えていない。それに雇用の非正規化という構造的な衝撃が加わったことによって、事態は抜き差しならないところまで来てしまっていると、皆が思っているのである。

〇八年、政府をはじめ新聞各社や各団体から年金改革案が発表され、さしずめ「年金改革花盛り」の様相を呈した。これも年金制度に対する世の中の危機感を反映したものであろう。

これらの年金改革案を発表したところは、大きく分けて政府、新聞社、政党、労使の団体、それに個人などである。図表8―5は、そのうち一三の改革案を一枚の表にまとめたものである。このうち麻生太郎氏の案は「中央公論」二〇〇八年三月号に発表されたもので、その後総理大臣に就任したが、ここでは個人案として扱った。

そこで、これらの年金改革案を紹介するが、本書は年金問題の本ではないので、ここではポイントを「格差年金」「空洞化」それに「非正規化」の三点に絞って、年金改革の筋道についてひとあたり要約しようと思う。政府の社会保障国民会議の改革についてはすでに触れたのでここでは割愛し、新聞社のものから取り上げていこう。

新聞三社の年金改革案

①朝日新聞

朝日新聞案は、パートや派遣社員などの非正社員も厚生年金に加入させて、企業にも保険料を負担させるようにする。また専業主婦など保険料を払わなくても年金がもらえる三号制度は廃止し、将来的には自営業者らも含めて年金を一元化する。財源は、消費税は医療、介護の財源に優先して振り向けるので、年金は保険方式を維持する。将来的には年金一元化を提起しているが、年金制度の枠組みと財源は、ともに現行の社会保険方式のまま維持するものになって

図表 8-5　各界の年金政策の一覧表

	基礎年金			報酬比例年金	年金支給総額
	名称・方式	給付額	財源		
現行制度	基礎年金	6.6万円	保険料1/2、税1/2	厚生・共済年金等	モデル23万円
社会保障国民会議	税方式	最低保障　5万円 基礎年金　7万円	消費税率換算 9％（5～13％）		
	社会保険方式	最低保障　5万円 基礎年金　7万円	消費税率換算 6％程度		
朝日新聞	国民年金	6.6万円	保険料1/2、税1/2	？	
日本経済新聞	共通年金	6.6万円	年金目的消費税	さらに議論を深める	
読売新聞	最低保障年金	最低5万円～7万円	保険料、税国庫負担	？	
経団連	基礎年金		税方式化	？	
連合	基礎年金	7万円	直接税1/2、間接税1/3 企業社会保障税1/6	報酬比例年金	
共産党	最低保障年金 ＋基礎・報酬比例	5万円～12万円	国庫負担 保険料	？	
民主党	最低保障年金	7万円	保険料率を15％以内 年金目的消費税	？	
自民考える会	最低保障年金	7万円	消費税9％	積立年金	10数万円
社民党	基礎的暮らし年金	誰でも8万円		所得比例年金	
電機連合	基礎年金	夫婦2人　17万円 単身者　12万円	消費税10％	廃止既裁定者は2/5の減額支給	夫婦　21万円 単身　16万円
麻生太郎	現行基礎年金	すべて同額水準	消費税10％	？	
塩川正十郎	生活年金	夫婦で年額320万円 (70歳支給開始)	国庫負担	普通年金 (401k等の自助年金)	生活年金 夫婦　26.6万円

いるので、未納・未加入の制度的な欠陥は残る。

② 日本経済新聞

日本経済新聞は、基礎年金を「共通年金」として一元化して、国内居住一〇年で受給権を与え、財源を保険料から消費税に転換するという、一歩踏み込んだ改革案を提案している。これで未納・未加入の問題をほぼ解消する意図から、企業の保険料負担の軽減分は非正規労働者の厚生年金加入を進めることにするなど、「非正規化」と「空洞化」に対応しようとしている。しかし、過去の未納部分については負担と給付の公平性の観点から減額措置を残すなど、現行制度維持による欠陥は残ったままとなる。

なお、日経は二階部分についての追加提言をしており、部分積み立て方式とし、給付を二割減らして賦課方式を維持することとしている。

③ 読売新聞

読売案は、受給資格の加入期間を一〇年に短縮し、基礎年金は最低で月五万円を保障し、受給額がそれに満たない者には、最低保障年金を創設してカバーするという、「非正規化」による「空洞化」を意識している点に特徴がある。消費税の税率一〇%は「社会保障税」として医療、介護も含めた財源としているが、基礎年金は社会保険方式について現行制度を維持する欠陥面が残る。

このように、新聞三社の改革案を見ただけでも、改革にかなり踏み込んだところと現状維持的なところとがあるが、共通しているのは基礎年金と報酬比例年金（厚生年金部分と共済年金部分）の二階建て方式を維持する点で、ここについては奇しくも一致している。

政党の改革案

①民主党

民主党は、〇七年参議院選挙用のマニフェスト（選挙公約）の「安心・安全で格差のない社会」のなかで、年金制度を一元化し、保険料率を一五％以内に抑え、年金目的消費税の導入により月額七万円の最低保障年金を実現するとしている。七万円の最低保障年金は、給付資格ゼロの人に満額七万円の支給からスタートして、所得の高い人はスライドして減額されるというわかりにくいもので、しかもそれがゼロになる水準がはっきりしないため、必要財源が確定できないという欠陥がある。

民主党案では、税方式による最低保障年金に一元化されるのはいいとしても、七万円の最低額では安心できない層が残ることと、報酬比例部分が社会保険方式として残るため、厚労省と同じ未納・未加入による無年金・低額年金者の急増という制度的な欠陥は解消されない。

いわゆる「消えた年金」問題では厳しい追及の先頭に立っている民主党であるが、仮に民主党の言う通りに年金受給資格が回復したとしても、もらえる年金は現行水準にすぎない。今、現行の年金給付水準では老後生活ができないという人たちがいるときに、国民年金と変わらない最低保障年金というのでは、派遣や請負、期間工、日雇い派遣など非正規で働く労働者の支持を得られるとは思えない。当然、この人たちは「そんな年金に入っても仕方がない」と、未加入・未納となり「空洞化」が進むことになるが、これに対してなんの政策も持ち合わせないようでは、野党第一党、いや今後政権をとる可能性がある政党としては、やや無策にすぎる。

② 年金制度の抜本的改革を考える会

同じように給付額は月七万円でも、自民党の野田毅元自治相らの「年金制度の抜本的改革を考える会」の案の方が、もっとシンプルでわかりやすい。この会の改革案は、〝公平〟で〝簡素〟な制度とすることを旨として、(i)公平性が高く、安定的な消費税を財源とし、すべての高齢者が同額(七万円／月)受給できる〝最低保障年金〟、(ii)各種制度を統合、現役時における納付額に応じた金額を受給できる〝積立年金〟、(iii)夫婦死別後も生活設計を確たるものにする〝遺族年金〟の充実――である。

(i)の最低保障年金は、すべての高齢者に支給し、その財源は消費税九％で賄うとしている。その内容、つまり受け取る方の額で言うと、結果として民主党案とほとんど変わりない。それなら減額スライドなどと言わない、この会の案の方がシンプルでわかりやすいが、未納・未加入による制度的な欠陥はやはり解消されない。なお、このグループは、民主党の一部とも連携して、政策推進を図る動きを示している。

③社民党

これに対して社民党は、〇七年の参院選のマニフェストのなかで、公的年金制度の抜本改革を行うとして、(i)一階の基礎年金は全額税方式による「基礎的暮らし年金」として誰でも八万円を支給し、(ii)二階の報酬比例年金部分は企業の社会的責任を踏まえた「所得比例年金」とする。この二つで老後の安心を確保することで、基礎年金で「八万円支給」、夫婦二人で一六万円となり、老後生活を誰でも安心して過ごせる水準に近くなる。各政党のなかでは唯一、未納・未加入による無年金・低額年金者の急増という制度的な欠陥を克服しようとする意図が明確で、「非正規」の問題をクリアできる最も改革に値する案である。

ただ、この政党の最大の欠点は、消費税に関して「ダメなものはダメ」というタブーがいまだに生きていて、企業に負担させる社会保障税のようなものを財源と考えていることである。せっかく良質の改革案を掲げても、財源が非現実的だと、絵に描いた餅である。

④共産党

共産党は、最低保障年金に基礎年金、報酬比例年金の三本立てとし、給付は最低五万円から一二万円とし、財源は保険料と国庫負担にするとしている。これは、現行制度の組み合わせを変えて、最低部分を付け足しただけの改良路線で、未納・未加入による制度的な欠陥の解消という意識に欠けている。

労使団体の改革案

①経団連

経団連は、〇八年五月に発表した「社会保障政策」で、高齢者世代に安心感を与えるセーフティネットを確保するためには、「基礎年金の税方式化は有力な選択肢となり得る」としている。現行制度からの移行措置や事業主負担のあり方に十分な議論の必要はあるものの、「財源を、現行の保険料方式よりも広く国民が負担する税目に求め」、そうすれば社会保障制度の持続が可能だとしている。未納・未加入による制度的な欠陥の解消には、ほとんど関心がないようである。

②連合

連合は、「皆年金制度」を再構築するため、基礎年金は高齢者および障害者の生活費の基礎的部分を賄う給付水準として、月七万円程度を保障することとし、その財源は「空洞化」を解消するために、〇九年から全額税方式へ転換することを提案している。税方式の財源としては、二分の一までは一般財源とし、三分の一を「年金目的間接税」、六分の一を事業主負担

（社会保険料相当分）としている。しかし、厚生年金等の被用者年金、いわゆる二階部分は、所得比例年金として引き続き保険方式とし、さらに年金の受給要件である加入期間二五年を、諸外国の制度との均衡を考慮しつつ一〇年程度に短縮し、受給権を拡大するとしている。なお、国民年金の空洞化によって発生している未納者、免除者、学生納付特例者の保険料相当分については、第一号および第二号被保険者の保険料で補填するのではなく、国庫負担で賄う制度に改める。

③電機連合

労働組合のなかでは、電機連合が抜本的な改革案を提起している。この改革案は、〇二年に電機連合が大会で決定した「電機連合の社会保障政策」のなかで掲げているもので、その内容は次の通りである。

(i)基礎年金の給付水準は老後生活のシビル・ミニマム（最低限度の生活環境基準）を保障する水準として、六五歳以上の人々にあまねく基礎年金八・五万円の個人建て年金を保障する

(ii)その財源としては、消費税（例外なしのインボイス付き付加価値税）一〇％とする

(iii)国が行う公的年金制度は、この基礎年金だけに限定し、報酬比例年金は廃止する（ただし、経過措置として減額支給）

この改革案だと、夫婦二人で一七万円、単身者付加を加えて一二万円を、正社員だろうと、

派遣社員や期間社員だろうと、また自営業者でも農民でも、誰でもあまねく一定年齢（六五歳）になれば、同じ年金制度のもとで同額の年金を受給できるという、画期的なものである。

個人の改革案

①麻生太郎

麻生氏は、全員に基礎年金の満額を支給した上で、きちんと保険料を納めてきた人には、その実績に応じて上乗せする方式を提起している。財源は、消費税率を一〇％に上げ、五％の増税分（約一三兆円）を活用して、高齢者全員に給付するとしている。上乗せ分の費用ははっきりせず、年一〇兆円単位の巨額なものになる可能性が高いとしているが、意欲的な改革案である。

②塩川正十郎

社会保障国民会議委員の塩川氏は、〇八年二月に同会議の委員の先頭を切って、「年金制度改革への提言」を提出している。同氏の改革案は、高齢者が、社会人として通常平均的な安定した生活ができる費用を国が保障する「生活年金」と、自己努力による成果保険の「普通年金」（例えば四〇一ｋなど）の二本立てとしている。支給額は、平均的な必要費用を独身で年額二〇〇万円、夫婦で三二〇万円とする。ただし、年金支給開始は七〇歳とし、また生活年金額以上の所得がある人については支給額を減額する。この支給額を月額にすると、単身で一六・六万円、夫婦二人で二六・六万円で、その財源としては総額で二〇兆円としている。これは確かに画期的かつ抜本的な年金改革案であるが、支給開始年齢が七〇歳というのは、サラリーマン、とりわけ非正社員にはつらいだろう。

3　非正規労働者のための年金改革とは

「守旧派」ｖｓ「改革派」

以上、各界の年金改革案をひとあたり紹介しつつ、節々にコメントを加えてきたが、ここでまとめて評価をしてみよう。

評価の視点は、言うまでもなく非正規化の進展に伴う「格差年金」「空洞化」という二大欠陥を克服できるかどうかである。言い換えれば、派遣社員や期間社員、パートや日雇い派遣にとって「良い年金制度改革」とは何かという視点である。

「良い年金改革」といっても、何をもって「良い」とするかは立場によって異なるが、本書では非正社員にとって良いか悪いかという視点からのみ考えていく。そこで、年金制度の改革

図表8-6　各界の年金政策の改革度比較

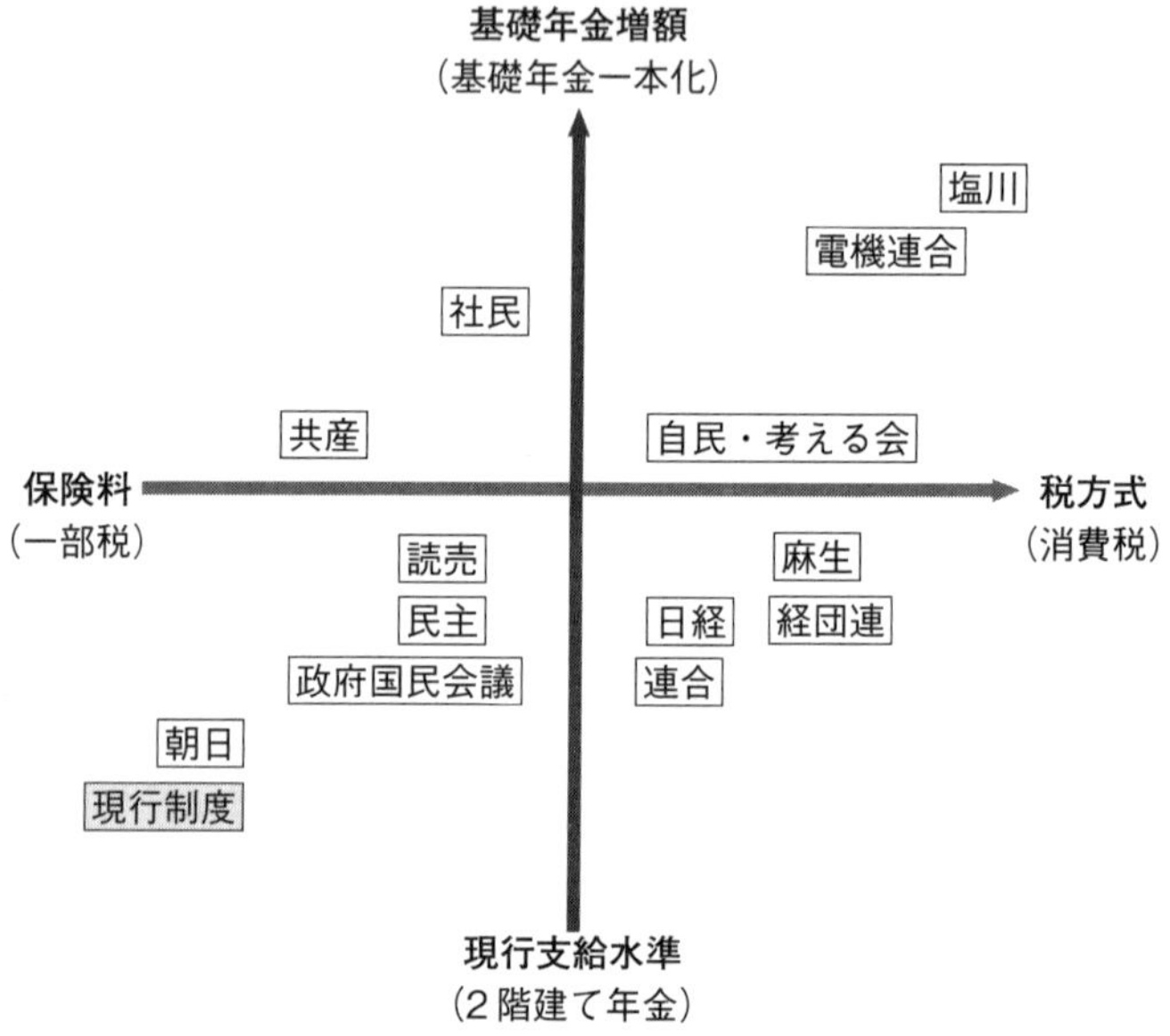

の方向について、二つの角度から良いか悪いかを判定しようと試みたのが、図表8—6である。

この図の矢印は、年金改革の二つの方向を示している。横軸は保険料方式から税方式の方向性。縦軸は基礎年金と報酬比例年金の「二階建て年金制度」から、国家が管理するのは「基礎年金に一本化」して（報酬比例年金は廃止）、基礎年金は増額する方向である。

すべての財源を消費税で賄うようになれば、保険料を納付した・しないの問題はなくなり、また「一階建て基礎年金一本」にすれば、標準報酬月額やかけ期間に関係なく、六五歳になれば誰でも同じ年金支給を受けることになる。

こういう視点から図を見ると、左下の現行制度から右上方向へ移動するのが「良い年金改革」ということになる。すなわち朝日新聞の案が現制度とあまり変わりなく、読売、民主党と右下のグループは、基礎年金の給付額を上乗せすれば、上のグループに入るわけである。こうして見ると、改革度トップは塩川案と電機連合案で、社民党案は消費税さえ容認すれば、「良い年金改革」に仲間入りすることができる。

「究極の年金改革」

本章の最後に、これからの年金制度改革をまとめることにする。

まず、老後生活のシビル・ミニマムを保障する水準として、六五歳以上の人々に、誰にでもあまねく基礎年金八・五万円の個人年金を保障する。したがって、夫婦二人世帯に対しては、一七万円の支給となる。これは、総務庁「家計調査」から見た必要生計費や生活保護の東京の水準を考慮して、なんとか生活できる水準と判断した。ただし、持家で住宅ローンの支払いが終わっていることが前提になるので、この条件に達しない人のためには、高齢者住宅制度の拡充で別途対策する必要がある。

また、単身者には三・五万円を付加給付して一二万円を支給する。これは、連合が行った必要生計費調査での水準に沿っており、これで最低生活を保障する。この制度の唯一の欠陥は、偽装離婚して二人で二四万円をもらおうとする者が出てくることで、これは抜き打ち調査で対応するしかないだろう。

こうなれば、公共政策としての公的年金は、この基礎年金にすべての年金制度が統一されるので、誰でも同額の年金を受給できる「究極の年金一元化」が実現する。

財源は、消費税を一〇%にすることで賄う。現行消費税にプラス五%の消費税を加え、一〇%を財源にあてるのである。福祉財源の虎の子である消費税をこの年金財源に使ってしまうのは、年金が老後生活のなかでもっともベーシックであると考えるからである。消費税の方式は、インボイス(納税者番号)付きの付加価値税として、食料品などの例外はいっさいなしにする。

この方式にすると、企業の年金保険料の負担がなくなるので、財界が反対する根拠はなくなる。この点において本案が、各界の改革案のなかで最も現実性があるということである。これにより、この案に反対する「抵抗勢力」の一角が崩れて、残るは標準報酬月額のランクが高く、納付期間も長い大企業の労働者とそれを組織する連合だけになる。

筆者のシミュレーションによると、年金収支は二〇二五年までに累積で二〇〇兆円の赤字となるが、そこまでは年金積立金を充当する。それ以降は、企業への福祉財源か、消費税のさらなる数％の引き上げをその時点で選択することとする。

こうすれば、公的年金制度のサスティナビリティ（持続性）を保持し、国民皆年金の理想を堅持し続けることができる。また、正社員も非正社員も同じ年金の支給を受ける年金制度が確立できるのである。

第9章

グローバル雇用危機のなかの日本

1 進む価格破壊の衝撃

なぜ「正社員化」に与しないのか

この本は、第1章の世界大不況下での〝非正規リストラ〟とその対応の迷走ぶりから始まり、積極的雇用政策や賃金・処遇の均等化、公的職業訓練・就業支援と社会保険や年金政策など、非正規という形態で働く人たちにとって、安定した生活と働きやすさを確保するための具体的な政策を提起してきた。

その内容は、一言でいうと非正社員でも、正社員と同じように雇用の安定と生活できる賃金・時給を確保し、雇用保険や年金を保障しようというものである。

それは、別の言い方をすると、各界の多くの方々が言うように「正社員化」という方向をとらなくても、非正規の形のままで現実的にできる方策があるということを示したのである。だからといって、なにも一人たりとも、正社員になれる可能性を否定する、というわけではない。ある一定の割合の人々が正社員になるための方策と、残りの人々が派遣や請負社員や、期間社員、契約社員のままでも働いて生活することができる、現実的な具体策を提起してきたつもりである。

　では、本書はなぜ「正社員化」ではなくて、このような「非正社員という形態で働いていても」という考え方をとるのか。この点については各章で断片的に触れてはきたが、その考えを体系的に述べてはこなかった。この章では、総括的に考えを述べてみたいと思う。

「分配率の低下」と「中国の脅威」

　話が少し古くなるが、一年前の二〇〇八年春闘は、連合が労働分配率の回復を求めて賃上げを要求したのに対して、日本経団連が「賃上げ容認」を表明したり、当時の福田首相が「賃上げ要請」をするなど異例ずくめの春闘であった。しかし、賃上げのパターン・セッターのトヨタ自動車が組合側に示した回答は一〇〇〇円に留まり、これでマキシマムという低賃上げ相場ができ上がってしまった。

　この結果に対して、労働界から「税引き前利益二兆円のトヨタが、ベア一〇〇〇円とは低すぎるのではないか」という怨嗟《えんさ》の声が上がった。しかし、トヨタ自動車の木下光男副社長は、労働組合に対して「中国メーカーは新興国や資源国への輸出を拡大して六〇万台を記録し、われわれの脅威になっている」と説明したという。ここで、労使の双方が使った「労働分配率の回復」と「アジア・中国の脅威」という言葉は、このところ春闘のたびごとに労使それぞれから口をついて出る常套句である。

確かに、労働分配率は一九九〇年代に低下したままの状態が続いている。連合の主張の通りに賃上げ要求に応えて、分配率を高めることが、個人消費を回復させることに繋がり、持続的な経済成長にとって有効なマクロ経済政策であろう。政府も同じ考え方だから、福田・麻生内閣が二代続けて財界に対し、異例とも言える「賃上げ要請」をしてきたのである。しかし、企業の反応は、総理の言うことなどほとんど聞き流すだけという、きわめて冷ややかなものであった。

トヨタやパナソニックなどの国際的な大企業が、なぜ頑なに賃上げを拒み続けるのだろうか。「企業は賃上げをミニマムに抑え、利潤を最大化させたいだけだ」という企業罪悪論は、労働界はもとよりマスコミなどにも、かなり広範にある。しかし、そういうことを言う向きには、かつて春闘の最盛期に「誰でも一万円」の賃上げとか「五ケタ春闘」というような莫大な要求に対して、企業がそれに応えたという事実を、どう説明するのかと問いたい。こう言うと、あの当時の企業や経営者は良かったが、今の企業や経営者は悪くなったと言うのだろうか。

今の企業や経営者たちが良くなったか、悪くなったかはともかくとして、確かにあの頃と今の企業を比べると、ビヘービアが明らかに違うということについては、筆者も同感である。では、どこがどう違うのか。それが問題の核心である。

この点について、企業罪悪説の立場からすれば、最近の企業は目先の短期的な利益を追求する「市場原理主義に毒されている」ということになろう。しかし、このようなイデオロギッシュな考え方、もっと言えば単純な捉え方では、この重要問題の核心に迫ることはできないだろう。

下がり続ける付加価値率

この問題の核心点に迫るにあたって、まず、鉄鋼・電機・自動車（輸送用機器）という日本の基幹三産業について、付加価値率の長期トレンドを示したグラフを見てもらいたい（図表9―1）。言うまでもなく、付加価値率とは、企業の売上高に占める付加価値の比率である。この付加価値のなかから賃金、減価償却、配当等に配分される。

これを見ると、ここで取り上げた三つの産業は、いずれも長期の低下傾向にある。特に注目して見てもらいたいのは、自動車産業と電機産業とでは、バブル崩壊後の九〇年代の一〇年間に、際立って対称的な動きを示していることである。すなわち、電機産業は九〇年代に入って以降、とくに半ばを過ぎてから、著しい低下傾向を示している。これに対して、自動車産業は九〇年代から〇二年までは上昇している。なぜ、電機産業は付加価値率の低下に見舞われ、自

図表 9-1　主要３産業の付加価値率の推移

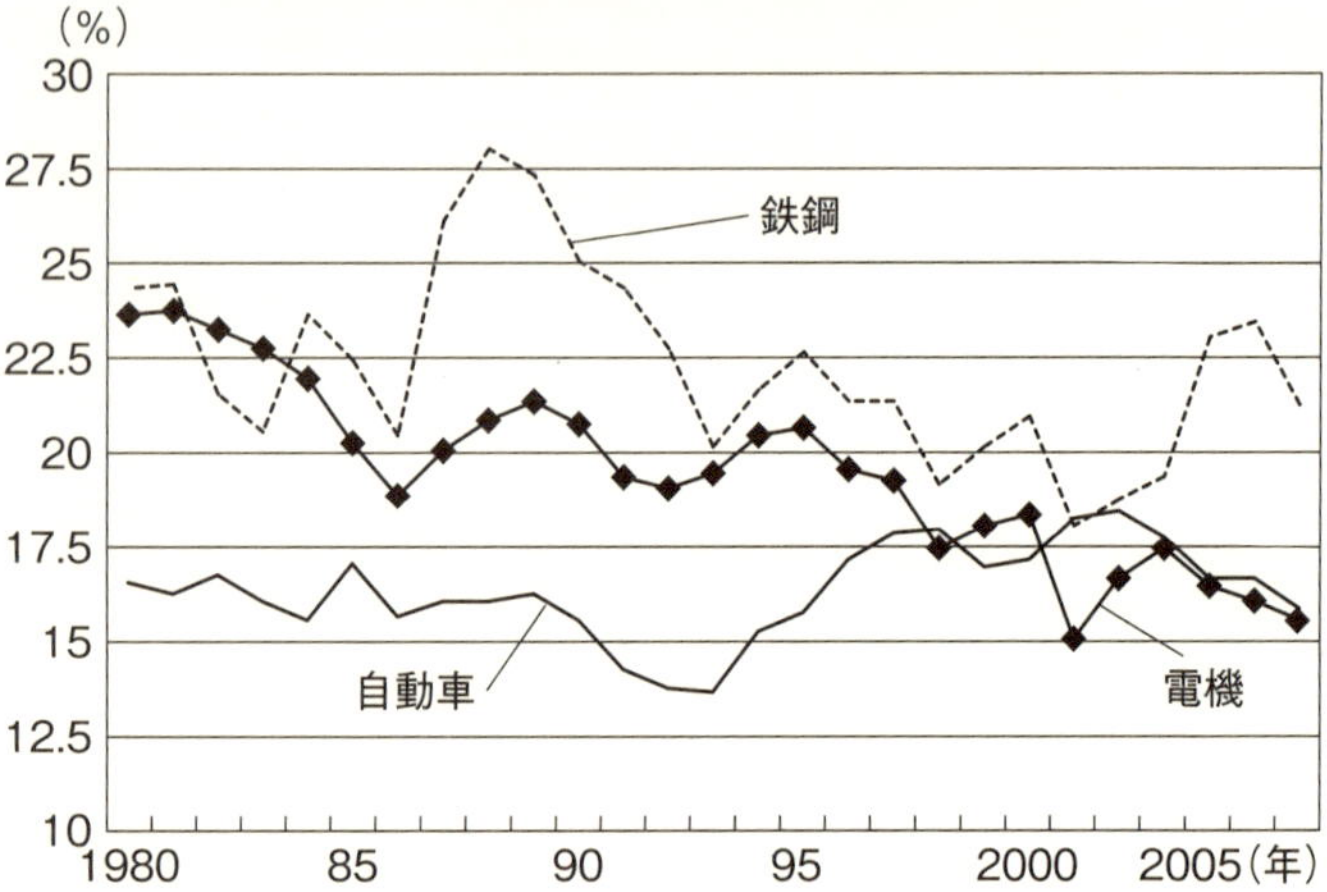

出所：財務省「法人企業統計」

動車は逆に上昇したのだろうか。

自動車は、この時期に低燃費化や安全対策、電子化などの技術的な付加価値を高め、それとともに付加価値率も上昇させてきた。一方、電機製品もこの時代に技術的な付加価値が低下したわけではなく、パソコンでは大容量・高速・軽量化を図り、テレビでも横長大型化から液晶・プラズマテレビへと製品の高付加価値を図ってきているのに、付加価値率は逆に低下してしまった。電機産業が、技術的に高付加価値化を図っても付加価値率が下がってしまったということは、市場でその価値を実現できなかったということである。

製造したものが、市場でその付加価値を実現できない原因は二つある。一つは、売れ残りによる製品在庫の増大である。しかし、在庫は短期に調整され、一〇年も一五年もそれが続くことはない。もう一つの原因は、市場価格の下落に見舞われ、売っても売っても価値を実現できないという状況である。電機・電子産業では、後者の事態が起こったのである。しかし、自動車産業ではそれが起こらなかった。

それでは、九〇年代にわが国の電機・電子産業と自動車産業で、何が違ったのか。

グローバリゼーションと「中国デフレ」

そこで主要三産業の生産者価格の推移を図示したものを見てもらいたい（図表9―2）。鉄鋼・電機・自動車の三産業の企業物価は、石油危機以降そろって上昇し、八〇年代半ばにピークをつけたあと、下落傾向に転じた。しかしその下がり方は、八五年の基準年次に比較して、自動車が一五％程度の低下に留まっているのに対して、電機は六四％も下がり、まさに「半値・八掛け」を絵に描いたような下落ぶりであった。

いかにデフレ経済下とはいえ、なぜ電機産業だけが、このような価格暴落に見舞われたのであろうか。ここで詳しい価格分析は避けるが、この間の価格下落が激しいものには、パソコン、半導体メモリー、デジタルカメラ、液晶ディスプレイなどの表示装置、携帯電話などの高付加価値製品が含まれている。

ここで重要なことは、これらの製品の多くが国際市場競争の渦中におかれ、とりわけ韓国・

図表9-2　鉄鋼・電機・自動車の企業物価の推移

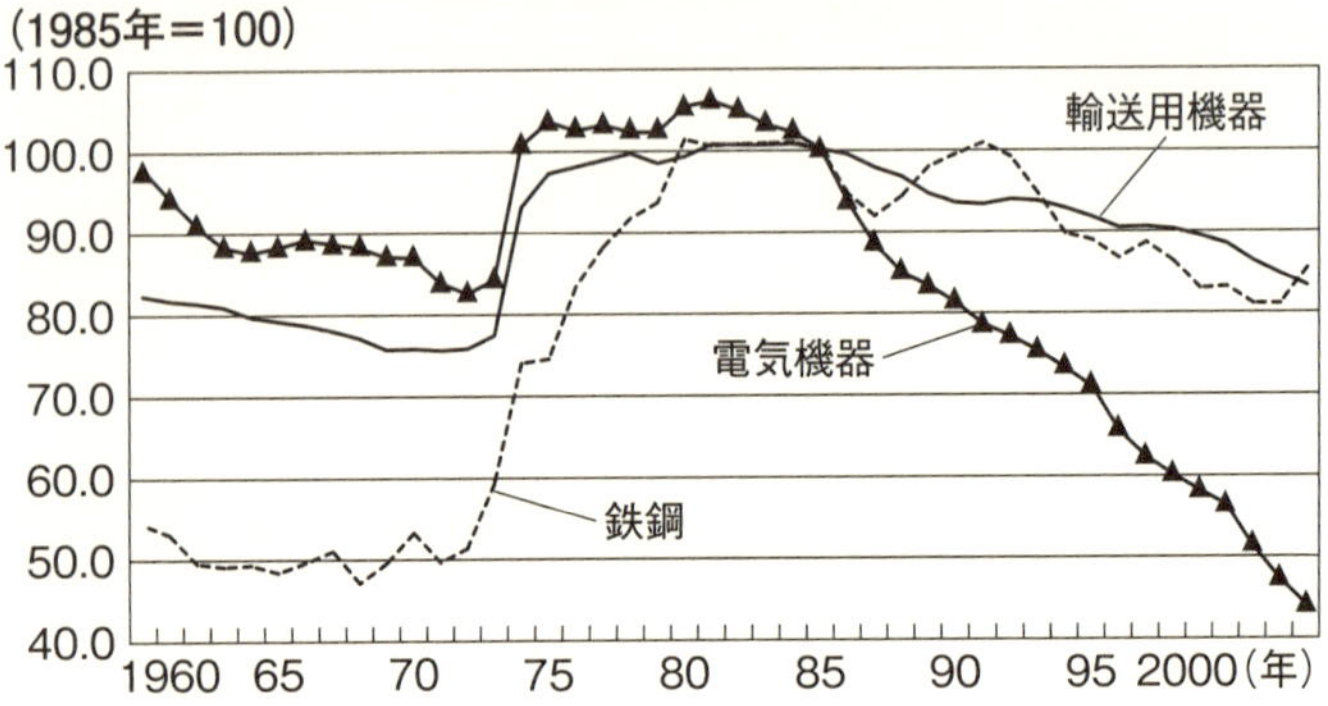

出所：日本銀行「企業物価指数」

台湾などの東アジア諸国、さらには中国からの「価格破壊」にさらされ、世界市場における「中国デフレ」のインパクトを強烈に被ったという事実である。この国際市場における「価格破壊」の攻勢は、これまで日本の電機・電子メーカーが堅持してきた世界市場における価格支配権を、これらの諸国に奪われたということを意味している。その結果は、世界市場でのシェア後退という決定的な形で表れた。

例えば、代表的な家電機器の世界における日本の生産シェアを示したものが、図表9―3である。九〇年当時、VTRは日本が世界の六〇・七％を生産していたが、二〇〇〇年には八・三％まで低下した。これに代わって、中国をはじめとするアジア諸国が世界シェアを伸ばしている。同様に、半導体も日本のシェアは激減している。

激しい国際競争は自動車産業においても同じである

図表 9-3　エレクトロニクス製品の世界シェアの逆転

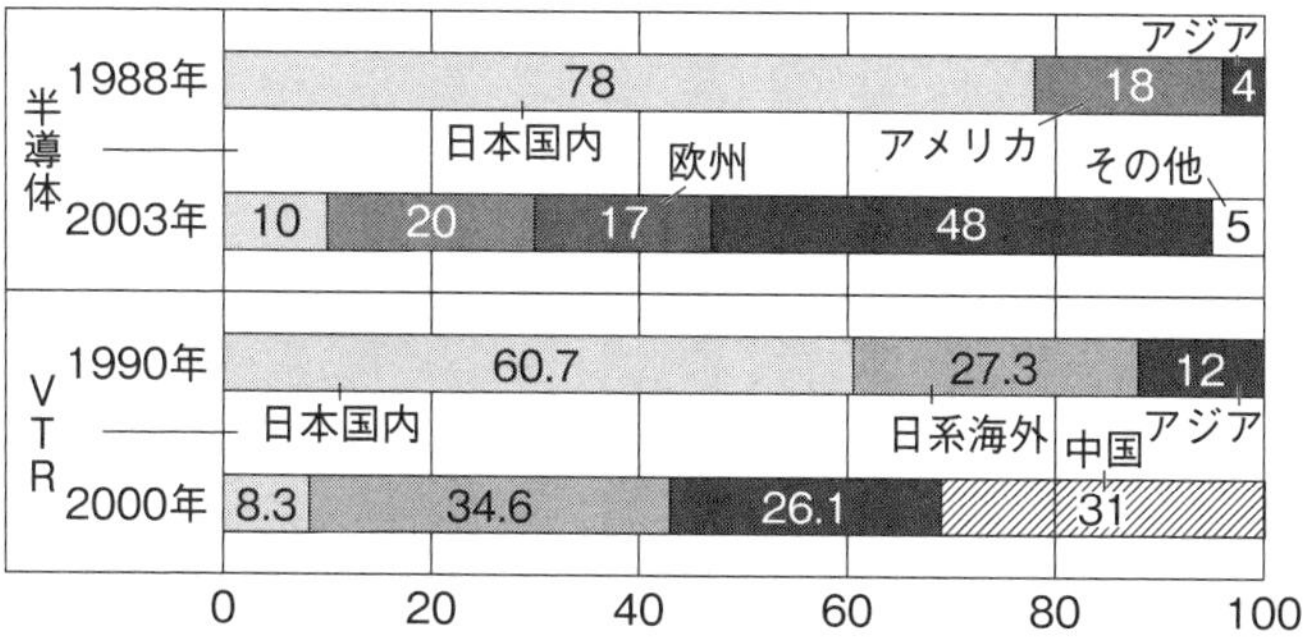

出所：家電製品協会「家電産業ハンドブック」、日経産業新聞「市場占有率」

が、自動車産業の場合はまだ先進国間同士の競争に留まっており、九〇年代から二〇〇〇年代の半ばまでは、アジアや中国の「価格破壊」にさらされることはなかった。ここのところが、電機産業と自動車産業が決定的に違うところである。

「コストダウン・メリット」と「テンポラリー雇用」

このように、アジアとりわけ中国からの価格攻勢をまともに受けた電機産業と、基本的に先進国のメーカー間の競争という自動車業界の国際競争条件の違いは、その価格破壊圧力の程度にも大きな差異をもたらし、日本国内の雇用構造への衝撃度にも決定的な差をもたらすことになった。

バブル崩壊後の構造不況の過程で、電機産業では定年退職者などの自然減不補充の雇用管理施策を堅持し、足

図表9–4　わが国電機工場のトータル雇用数

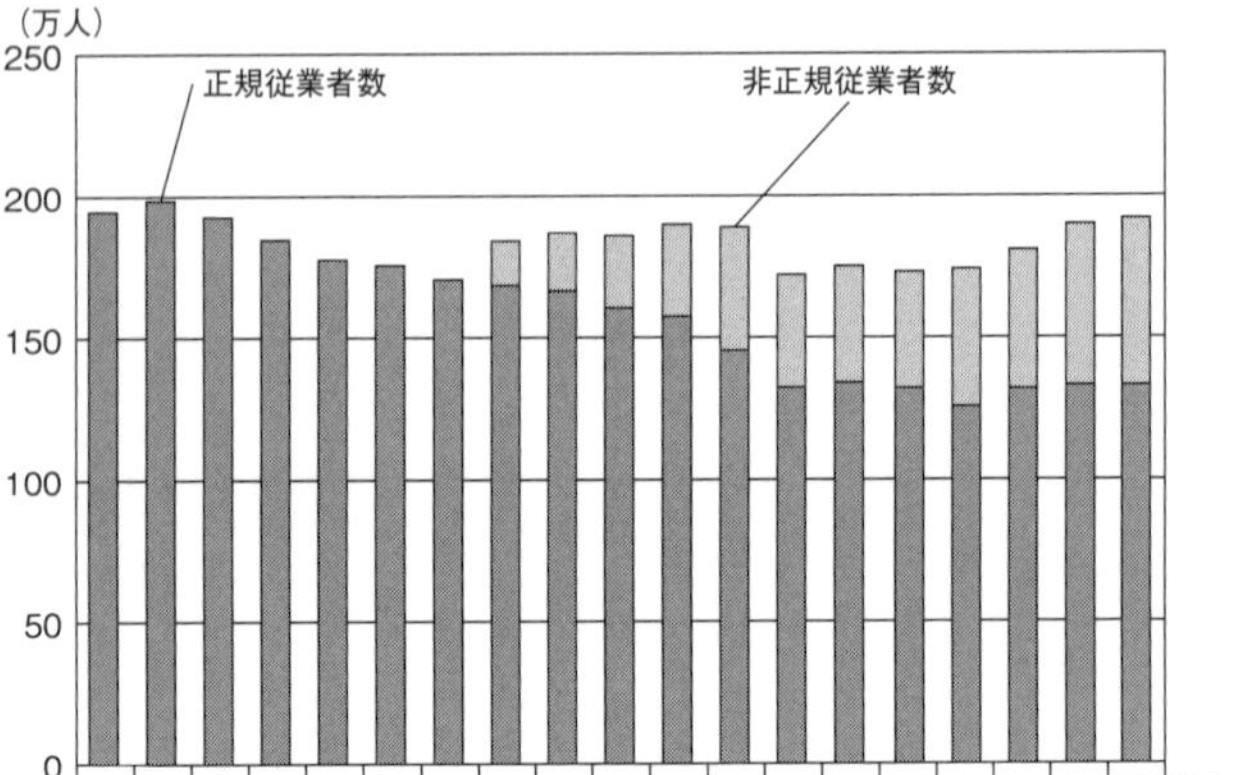

	90	91	92	93	94	95	96	97	98	99	00	01	02	03	04	05	06	07	08（年）
非正規従事者								16	21	26	33	44	40	41	43	46	50	56	59
正規従業者数	194	198	192	184	177	175	170	168	166	160	157	145	132	134	130	128	131	134	133

注：1997、2000、03、08年は電機連合調査の非正規比率をもとに工業統計表の従業者数に還元、中間年は趨勢値を推計。08年の従業者数は労働力調査による延長推計

出所：従業者数は経済産業省「工業統計表」、非正規従事者は電機連合「電機産業の雇用構造に関する調査」（2001年）、「電機産業における請負活用の実態に関する調査」（2004年）および「パート・派遣・請負労働者の雇用実態調査」（2009年）

りなくなった要員は製造請負に求める手段を選んだ。それは、「期間の定めのない雇用」の維持を企業経営の最大公約数的な命題としており、また製造派遣の禁止という強固な規制があるもとでは、業務請負の形をとるしか方法がなかったのである。特に、九〇年代からの工場における請負活用は、半導体などの二四時間連続操業に対する深夜作業要員確保という側面もあり、先端技術工場が請負という形態の外部労働力の活用に向かった。これに対して、価格破壊圧力がない自動車産業は、従来

からの期間工体制でも十分対応できたのである。

この大企業の工場に入って働く請負労働者の実態を明らかにしたのが、電機連合の調査である。[1] この調査によると、工場に従事している全労働者のうち非正規労働者の比率は、二〇〇〇年で一七％、〇三年で二〇％に達していた。図表9―4は、八九～〇七年の間の、電機産業の工場における雇用者数の推移を見たものである。これは正規の労働者に請負などの非正規労働者分（薄いグレーの部分）を上乗せして作ったものである。この図表は、電機の工場内に非正規従業員が実在していたことが確認できた、九一年までさかのぼっている。

これによると、電機の国内工場の従業員数（ほぼ正社員、正確には直接雇用）は、九一年の一九八万人をピークにその後は減少を続け、〇三年には一二九万人と、およそ三分の一にあたる約七〇万人が減少した。しかし、同じ期間に請負労働者など非正規労働者は、四・四万人から三〇万人に増えたのである。そのため、正規従業者数に請負などの非正規労働者をプラスした工場の全従事者数を見ると、九四年から二〇〇〇年まではずっと一八〇万人台を維持しており、全従事者ベースで見た総数ではあまり変わっていないのである。この時期は、減少したのは正規労働者で、それを補う形で請負労働が増大するという、雇用の非正規化という構造転換が行われたのである。

この狙いは、次の二つの効果を持つものであった。すなわち、正社員で工場を運営していた

図表 9-5　製造業の正規労働者と請負労働者の賃金格差（2001年）

正規労働者	年齢	賃金	請負労働者	年齢	賃金
係長	40～44歳	44.4万円	管理者	41.9歳	28.6万円 (64.4)
職長	35～39歳	39.9万円	リーダー	36.8歳	24.3万円 (60.9)
非職階	30～34歳 25～29歳	33.8万円 28.5万円	一般工	33.4歳	19.9万円 (58.8) (69.8)

注：製造労働者の賃金は「きまって支給される現金給与額」（　）内は正規労働者の賃金に対する、請負労働者の賃金の比率（％）

出所：厚生労働省「平成13年度賃金構造基本統計調査」および同「請負事業者特別調査」

ときに比べ、工程請負で約二割、工場一括請負でおよそ三割のコストダウンが可能な「コストダウン・メリット」と、数カ月単位でも新製品を出し、受注量の大幅変動に対応できた「雇用のテンポラリー効果」である。

九〇年代から二〇〇〇年代にかけての、アジア・中国からの低賃金を武器にした「価格破壊圧力」に抗して、日本の電機産業が国内で生産活動を維持していくためには、これらの国々の一〇倍あるいは三〇倍と言われる、日本の高い労務コストを削減することが大命題であった。それには、雇用の非正規化が残された有効な道であった。さもなければ、国内生産を捨てて海外に出て行くしかなく、国内の工場でその雇用を丸ごと喪失しないための、まさに〝苦渋の選択〟だったのである。コストダウン・メリットと雇用のテンポラリー効果を同時に実現できる手法が、当時の請負、後の製造派遣の活用であった。

その効果が実を結んだ二〇〇〇年代になって、「国内工場回帰」ブームが起き、そういうコスト削減を達成した企業が、世界市場での競争力を取り戻し「勝ち組」企業と言われるようになったのである。そうした状況には無縁であった自動車産業も、二〇〇〇年代に入った頃から、その対応を迫られるようになってきた。

〇一年に、電機企業はパナソニックや日立製作所、東芝などの大企業がそろって希望退職を含む大リストラを断行したが、その翌年の〇二年春闘で、トヨタの経営陣は当初有額のベア回答を用意していた。しかし、日経連労働委員会の場で、当時の奥田碩日経連会長から一喝されてベアゼロになるという事件があり、その後、連合は四年間もベア要求を見送った。

当時、奥田氏とトヨタ自動車の労使に対して、労働界やマスコミからは非難が集中したが、筆者は「奥田会長は、このままでは自動車もいずれ電機のようになるという危機感があるのだろう」と言ったり書いたりした。その頃から、自動車メーカーも期間工に加えて派遣社員の活用に舵を切り始めた。例えば、トヨタの製造子会社のトヨタ自動車九州（宮田工場）では、二〇〇〇年九月に製造請負大手の日総工産と組んで、テクノスマイル社を設立し、請負や派遣の活用を進め始めたのである。

「要素価格の均等化」の衝撃

では、日本はアジアの国々からの低賃金圧力を、いつまで受け続けるのだろうか。

国際経済学の理論に、「要素価格均等化の定理」というものがある。国際経済学の教科書には「ストルパー＝サミュエルソンの定理」などと書かれているが、一言でいえば「低賃金国からは低価格品が大量に流入して、賃金の高い国の労働者は、生産要素が等しくなるところまで賃金の引き下げを免れない」というものである。これを、もっとやさしく言い換えると、アジアの国々から安い商品が入ってくると、日本の労働者の高い賃金も引き下げざるを得ないということである。しかし、いったん上がった賃金はなかなか下げられないので（これを「賃金の下方硬直性」という）、結局は「低賃金国からの低価格品」に負けて、経済停滞が長期化するということになる。九〇年代の日本は、まさにこの要素価格均等化の衝撃に見舞われて、「一〇年不況」に陥ったのである。

こうした状況は日本に限らず、世界各国でも雇用を巡る事情は同じであった。グローバリゼーションは、日本ばかりでなく先進各国にも要素価格均等化の圧力を与えた。その表れ方はバブルの後遺症を抱えた日本と諸外国では異なるが、相対的に恵まれた先進諸国の労働者の安定した雇用と賃金に対して「破壊圧力」をかけた、という点では共通していた。[2]

しかし、この破壊圧力に対しては、各国の雇用制度や雇用慣行の違いに応じて、それぞれに異なる対応を取ってきている。そうした、九〇年代から二〇〇〇年代にかけて起こった、世界の雇用の変貌について、その最先端の状況を見ておきたい。

2　雇用格差は日本だけの問題か

世界の雇用最先端事情

〇九年の一月、朝日新聞の opinion「資本主義はどこへ」と題する特集のなかで、「大不況、政府・企業がなすべきこと」というテーマについて、経済学者の伊東光晴氏とドラッカーの書籍の翻訳者として著名な上田惇生氏の二人が、それぞれ「ケインズなら」「ドラッカーなら」の立場から、これからの経済・社会のあり方を論じている。そのなかで、現在の「派遣切り」の問題について、お二人は以下のように答えている。

伊東氏は、「ケインズは派遣労働など想定していませんでした。これは日本と韓国ぐらいにしか存在しません。派遣労働を政府が認めたことは、中間搾取をなくすという戦後の労働政策の原則の崩壊です」と言う。

また、上田氏は、「日本でこんなことが起こるとは夢にも思わなかったでしょう。働く人にそれぞれの能力を発揮してもらうという、本来の趣旨から外れた使い方をしてしまった」と述べている。

はたしてそうだろうか、お二人の見方にはいささか異論がある。

アメリカのEMSと共同雇用責任

まず、上田氏は「派遣切り」のようなことは本来の趣旨から外れ、ドラッカーは「日本よ、お前もか」と嘆くに違いない、と言っておられる。

しかし、筆者はドラッカーについては門外漢だが、少し違った実体験を持っている。〇二年六月に、アメリカの各地に雇用のアウトソーシングの実情を調査に行ったが、そのときダラスのPEO（雇用代行業）を訪ねた。PEOについては後で説明するが、その時に会社から資料やパンフレットが入ったファイルを配られ、そのなかにドラッカーが「ハーバード・ビジネス・レビュー」誌に発表した論文のコピーが入っていた。なぜ、これを配ったかと尋ねると、「われわれの雇用アウトソーシング・ビジネスは、ドラッカー先生も認めてくれている」という説明をしてくれた。

そのコピーに目をやったところ、冒頭の衝撃的な文章が飛び込んできた。

「さしたる注目を集めることなく、いま驚くべきことがビジネスの世界で起こっている。第一に、働き手のうち唖然とするほど多くの者が、現に働いている組織の正社員ではなくなった。第二に、ますます多くの企業が雇用と人事の業務をアウトソーシング（外部委託）し、正社員のマネジメントさえしなくなった」[3]

これを見たとき、当時の雇用の最先端事情について、すでに論文にしているドラッカーの慧眼に驚かされた。実は、この論文はわれわれが帰国した直後に『ネクスト・ソサエティ』という本として日米同時出版されたが、そこでドラッカーが言っていることは、派遣会社やPEOからの人々は、アウトソーシング先の企業にとっては、正社員でなくても人的資本であるということである。

筆者が「相手先が急に契約を切ってきたらどうするか」とPEOの経営陣に質問したところ、「契約に基づいて対応する。すぐ他の企業に行けるような人材をそろえておくことだ」と、ビジネスライクに割り切っている印象を受けた。

アメリカでは、こうした人材ビジネスは八〇年代から始まっていた。アメリカの製造業労働者は、長期雇用と高賃金が特徴で、それが中間所得層の中核を担ってきた。しかし、その中心柱である雇用と賃金が「賃金破壊」と「雇用のテンポラリー化」によって下層に引き裂かれ、その結果として〝働く貧困〟が社会問題化するようになった。これは九〇年代に入ってからであった。

例えば、アメリカ国内で貧困人口が増えていることが顕著になったのは、「メガ・コンペティション＝大競争時代」と呼ばれていた九〇年代の初めである。その頃には、企業のリストラクチャリングが日常茶飯事となり、〝レイオフ〟という概念自体が〝解雇〟に変質し始めていた。そうしたなかで、高賃金コストの削減のため、それまでにないまったく新たな雇用施策が登場した。

その扉を開けた画期は九二年、ＩＢＭがフランスのプリンター工場を売り払った事件である。買ったのはアメリカでＥＭＳという新しいビジネスを行う企業である。ＥＭＳとは、「Electronics Manufacturing Service」の略で、邦訳では電子機器委託製造サービスとされている。

これ以降、アメリカ本土でも不採算に陥った工場を売り払うことが一般化するようになるのだが、土地建物や機械設備はもちろんのこと、従業員も丸ごと買い取ったＥＭＳはその工場で作っていた製品の製造委託を受け、また他の競争企業からも製造委託の注文を受けて、見事に利益を上げるようにしていた。これが「ＥＭＳビジネス」であるが、こんな手品みたいなことで、どうして企業が再生できるのか。

実は従業員を引き取る際に、いったん雇用契約を解除して、再雇用する際には賃金を三〇％程度引き下げ――これを「ペイローリング」と言うが――こうして労務コストの削減を図り、見事再生するのである。なぜこんなことを労働者が受け入れたかというと、解雇されて低賃金の職種に就いてペイを半減されるよりは、三割カットでも今までどおりの仕事ができる方を選んだからである。

これがＥＭＳビジネスモデルの「成功」の秘訣で、その本質は「賃金破壊」と「雇用のテンポラリー化」の二つであった。

雇用のテンポラリー化は、こうした製造業のＥＭＳばかりでなく、サービス業や小売業でも広範囲に進んでおり、その形態は業務請負、派遣、オンコールなど多様な形で進行してきている。人種・宗教・性別、年齢、障害、労働組合活動などを除いて、解雇が原則自由なアメリカにあっては、雇用形態や雇用期間など雇用契約の多様化が著しいが、そのなかでもアメリカ独特の注目すべき動きも見られる。

例えば先に挙げたＰＥＯである。ＰＥＯ（Professional Employer Organization）とは、[4] 派遣と人事業務請負が一緒になったようなものである。雇用主と使用主が異なるので雇用者責任の所在が不明瞭であるとして、裁判を起こされ、ＰＥＯとそれを実際に使っている企業・店舗とも双方に「共同雇用責任」があるという判決が州レベルで出ている。

アメリカはすぐに解雇したり、自由に賃金を引き下げることが可能なのだというのが日本での通り相場だが、必ずしもそうではない。むしろ「共同雇用責任」を負わせるなどして先駆的なところがあり、わが国の非正規問題を考えるにあたって学ぶべきところがきわめて大きいと言える。

ドイツの「テンポラリー雇用」の複雑な事情

先ほどの朝日新聞の特集において、伊東氏が「ケインズなら」の立場から、「派遣は日本と韓国ぐらいにしか存在しない」という発言をしたということについて、ブログ上では「よく言ってくれた」と大変な盛り上がりを見せている。筆者は、少し事実誤認があるのではないかと思っていたが、ブログ上で異論を唱えているのはごく少数であった。

この例外的な少数派の代表が濱口桂一郎氏である。氏は、伊東氏は「派遣のイロハがわかっていない」として、「〇八年末にEUが派遣労働指令を正式に採択したのは、派遣があるからでしょう」と手厳しく批判している。[5]

ここで問題としたいのは、派遣がどの国にあるかというようなクイズ番組的な雑学ではなくて、EUの派遣労働指令のことである。濱口氏には、経済財政諮問会議の労働市場改革専門調査会でも、EUの派遣法制の大きな流れについて、直接に質問したことがある。

これに対する濱口氏の答えは、「欧州委員会が出している文書を読む限り、非常に明確だ。二〇年前のものは、有期や派遣はとにかく悪いとされ、できるだけ例外的なものとしてのみ認めるんだというニュアンスが非常に強かったのに対して、最近ではそれが大きく変わってきているのは間違いない」と、きわめて明快であった。

例えば、ドイツである。これも濱口氏の受け売りであるが、ドイツやフランスの労働者側は有期労働の利用そのものを入り口で制限せよということを主張してきたが、使用者側はそれについては受け入れなかった。そこで、ＥＵとしては、①更新に正当な理由が必要、②更新の回数に上限を設定、③反復更新する総期間を設定して、各国がそのうちどれかを選ぶという形になった。

その結果、旧加盟国一五カ国のうち約七カ国はドイツ・フランス方式で、入り口のところで有期労働に規制をかけている。残りの国々は、入り口に規制はなくて、更新のところでなんらかの規制がある形になっているという。

ドイツでは、例えば製造業務への派遣を六カ月以内の「テンポラリー雇用」に限定して認めている。それ以上長くなると、「正規の雇用」としてみなされるという話も聞き、日本の派遣規制の例としてよく持ち出される。

ドイツの派遣法は、いくつかの改正を経て現在に至っているが、法的に派遣が可能な期間の上限は段階的に延長されてきており、当初三カ月であった上限が、二年になり、〇二年の派遣法改正により、派遣期間の上限規制は撤廃されている。[6] しかし、こうした派遣政策緩和の大きな流れのなかで、製造派遣といえども例外であり続けることはできないだろうし、六カ月の上限にいく前にいったん契約を解除するなどの抜け道はあるようだ、という話の方が、理にかなっているように思える。

また、ドイツは〇二年の派遣法改正に伴い、派遣社員は派遣先企業の通常の雇用者とのあいだで同一賃金の支払いおよび同一取り扱いを受ける権利を持つことになった。ドイツには、それまでなかった最低賃金が設定されるようになり、いわゆる均等待遇の条件が整備されたように見える。しかし、ドイツの最低賃金に関するインターネット上の情報などを見ると、「ミディ・ミディ最賃」などおかしな言葉がよく出てくる。何かと読んでみると、最低賃金以下でも働かせることが可能だというのである。ドイツの最低賃金法には、但し書きがあって、労働協約がある場合には、「労働協約で定められた労働条件が、最低限の基準として派遣社員に適用される」というのである。

現在、欧州でも派遣労働者が三〇〇万人を超え、今や世界経済危機で失業者が増えている。しかし、派遣労働者の多くは国々で失業手当給付を受け取ることができ、職業訓練・再就職支援を充実させ、もともと職種別賃金の欧州では均等待遇が進んでいる。

要するに、派遣の規制や罰則を強化するのではなくて、派遣労働者の権利と保護を共通化して進めようとするEUの派遣労働指令の流れは、昨今の日本の流れとはまったく逆である。このままでは、欧州では正規と非正規の「壁」がなくなる方向に向かうのに対して、日本はかえって「壁」を高くすることになろう。

フィンランドのノキアとデンマークのフレキシキュリティ

「バラシ」というウェブサイトがある。興味のある方は試しに検索してもらいたい。米アップルの携帯音楽プレーヤー「ｉＰｏｄ」や「ニンテンドーＤＳ」、キヤノンのデジカメなど、世界で売れているエレクトロニクス製品がすべて分解されて、それに使っている主要な部品を写真付きで掲載、そのメーカー名や機能はもとより、なかには市場価格まで詳細に解説しているものまである。もちろんノキアの携帯電話も裸にされて、村田製作所のセラミックコンデンサーをはじめ、半導体などに日本製の電子部品が使われていることがわかる。

少し古くなるが、〇八年に「週刊東洋経済」が「北欧の格差なき成長」という内容の特集で、世界最大の携帯電話メーカーであるノキアでは、その七五％が自社内製品だと書いている。[7] しかし、ノキアはこれらの部品を世界から調達して、フィンランドで組み立てているかというと、そうではない。

フィンランドのトゥルク大学のエリッキ・アスプ教授から聞いた話によると、ノキアは携帯電話の製造拠点を東欧やインド、シンガポール、中国に移していると言う。「国内生産は？」と聞き返したら、「a little」という答えだった。ノキアと言えども製造は海外で、雇用は新興国の安い賃金を活用しているのだ。〇八年にはドイツにある携帯電話の製造工場を東欧に移転するというので大騒ぎになった。

確かに、「週刊東洋経済」の記事をよく読むと、「自社の工場」という書き方をしている。では、インドや中国の自社工場は、はたして長期雇用なのか。要するにEMSに製造委託をしていないという話であって、「テンポラリー雇用」の活用という点では、ノキアも同じである。そうでなければ、携帯電話のように「三日ごとに新製品の開発をする」というような技術進歩が激しい産業では、世界トップの座を占めることができるはずがない。

また、ビジネス環境ランキングで世界第一位のデンマークの労働市場には、フレキシブルとセキュリティの合成語である「フレキシキュリティ」という言葉がある、ということを第6章で紹介した。フレキシキュリティの内実は、第一に労働市場の流動性である。デンマークでは、工場でも年に従業員の二〇%が辞めて、入れ替わるという。第二に、失業保険が最長四年間支給され、また失業待機中の職業訓練が充実しており、政府の就業支援予算は日本の五倍もある。

デンマークでは、過度の規制緩和と過剰な労働者保護との中間の、「第三の道」を示す言葉として理解され、高い雇用流動性と社会扶助・社会保障を両立するシステムを構築しているのである。[8]

これだけ就業支援を厚くすると、働けるのに失業保険をもらって楽をしようという「モラルハザード」の懸念がついて回る。これについては、不正受給を告発する社会正義がうまく機能しているという。しかし、このような「告発の風土」が日本社会に適しているかというと、それはまた別の話である。

アジアの雇用最先端事情

この数年、筆者は中国、韓国、香港、ベトナム、インドなどの企業や工場を訪れ、どこに行っても「雇用契約期間」とワーカー層の「時給」ばかりを聞いて回った。実態を知るほど、アジア諸国では、それが強みになっていると感じた。

韓国非正規雇用センターでのヒアリングや資料によると、韓国全体における社内下請を含めた非正規比率は二七・五％と書いてあり、また臨時や派遣工等含めると四〇～五〇％だと教えてくれた。韓国の非正規雇用比率は五〇％に迫っているのだ。

中国・大連で血圧計を製造している日系工場は、この工場だけで世界の五〇％を作っているという世界最大の工場である。当社の従業員一八〇〇人のうち、市内から来る準社員と地方の農村からの労務工が合わせて五割いる。いずれも若い女性ばかりで、雇用契約期間は三カ月ごとの更新であり、賃金水準は労務工は月六〇〇元（約八四〇〇円）、また準社員の場合で六四〇～六五〇元（約九〇〇〇円）である。また、天津市にある日系の電子部品工場にも従業員の三割の農民工がいるが、賃金は月七四〇元（約一万三六〇円）と、大連よりも二割強高い。

また、ベトナム・ホーチミン市駐在の銀行マンによると、「ベトナムは、今『三丁目の夕日』の時代だ」と言う。まさに高度成長の時代に入りつつある。その日系オートバイ工場には、ワーカーの雇用契約期間は全員テンポラリーで採用し、二〜三年を経ると正社員と契約社員（期間雇用契約で更新二回まで）の二つに振り分けられるという。同工場の従業員四二〇〇人のうち六五〜七〇％が契約社員で、その賃金は一回目の契約で月一一〇万ドン（約七五〇〇円）である。

さらに、インドでは最初に経営者団体や労働組合を訪問したのだが、日系企業はインドで「終身雇用」だと聞いた。驚いたが、よく聞いてみるとインドの労働市場にはオーガナイズド・セクター（Organized Sector）とアンオーガナイズド・セクター（Unorganized Sector）の二つに分かれていて、前者で働いているのをオーガナイズド・ワーカー、後者をアンオーガナイズド・ワーカーと呼んでいる。ＩＬＯ（国際労働機関）ではオーガナイズド・ワーカーをオフィシャル・ワーカー（Official Worker：正規契約労働者）と訳しているから、インドの二つの区分は「正規労働者」と「非正規労働者」を意味しているらしい。ここまでは、どこの国にもよくある話であるが、いわゆるオーガナイズド・ワーカー（正規労働者）は雇用者の約六〜七％しかおらず、残りの九三％がアンオーガナイズド・ワーカー（非正規労働者）だという。これらの非正規労働者の賃金は、道路工事現場の日雇い労働者は一日一〇〇ルピーで、地

図表 9-6　アジア各国の賃金事情

国	業種など	聞き取り賃金	時給／円	月額換算／円
中国	電子機器	大連600元／月	58	8,400
〃	〃	天津740元／月	67	10,360
〃	天洋食品	800元／月	77	12,000
ベトナム	自動車組立	ハノイ110万ドン／月	63	7,500
インド	地下鉄工事現場	デリー2900ルピー／月	46	7,000
〃	道路工事現場	同100ルピー／日	31	5,000
北朝鮮	開城工業団地	5000円／月	32	5,000

出所：筆者の聞き取り調査、天洋食品と開城工業団地は朝日新聞2008.9.1

下鉄の工事現場は月二九〇〇ルピーというから、円に換算すると月約五〇〇〇〜七〇〇〇円が相場のようだ。

低賃金国に追われる日本

以上、各国の賃金の模様をまとめてみると、図表9―6のようになる。これによると、円に換算した月給ベースで一万円を超えるのは中国大都市だけで、インドは月五〇〇〇〜七〇〇〇円、時給換算で三〇〜五〇円であるから、日本の日雇い派遣の二〇分の一から三〇分の一のレベルである。あの、餃子事件で有名になった天洋食品の農民工は一万二〇〇〇円、ベトナムワーカーが七五〇〇円、北朝鮮の南北共同開発のケソン（開城）工業団地は月五〇〇〇円である。労務費コストの低位というだけなら、インドは北朝鮮に対して比較劣位だということになるが、北朝鮮は就業人口一二〇〇万人程度、インドは人口一二億、就業者数は公表されていないがおよそ六億人である。低賃金層の膨大さから見て、潜在成長力は世界一と言っていいだろう。

北朝鮮はともかくとしても、これらのアジア諸国は、低賃金を競争力の源泉として、日本を追い上げてきているのである。

3 手厚い正社員保護と希薄な非正社員保護のバランス

アジア・中国の追い上げと派遣法

労働者派遣事業法が制定されたのは、八五年である。それから四半世紀、派遣を巡る問題が噴出するなかで、派遣法制定の当時、労働組合のなかで唯一派遣制定に賛成して動いた電機労連の役員の一人として、最近よく取材を受ける。

先日も、派遣法の衆議院での採決にあたって付された「付帯決議」を見せられて、「この第一項に、『製造業の直接生産工程に従事する業務については、労働者派遣事業の対象としない』とありますね、これは小林さんが入れたのですか」と尋ねられた。「あの当時、電機連合は製造派遣には反対でした。また、法案の修正や付帯決議について、電機連合は影響力がありましたから、私が入れたわけではないですが、了解したことは確かです」と答えた。

そうすると「その後、電機業界では製造請負が増え、小林さんは製造派遣を容認する立場から政府の専門調査会に参加されていますね。考えが変わったのですか」と聞かれた。これは、問題の核心を突く質問で、「電機産業はもとより、日本の産業をとりまく前提が変化した」と、以下のような説明をした。

派遣法制定時の八〇年代半ばは、「ジャパン・アズ・ナンバーワン」の真っただなかで、韓国・台湾の追い上げもそれほどでもなく、新技術・新製品を開発すれば三〜四年はリードを保持し、国際市場で圧倒的な比較優位を誇っていられた。しかし、九〇年代に入ると、バブル崩壊からの不況で日本産業の新技術開発が停滞したこともあり、アジアとりわけ中国も含めたキャッチアップが早まった。日本企業が五年、一〇年かけて開発した新製品を、一年後・半年後には低価格で追従してくる。開発者利益が極端に得にくくなり、次第に国際市場での価格支配権も奪われ、比較優位を喪失していったのである。

この比較優位から比較劣位（そこまではないかもしれないが）という、国際競争条件の変化の最大の要因は、労務費コストの圧倒的な格差であった。このアジア諸国や中国の低賃金が日本に与えた「要素価格均等化」の圧力は、電機・電子産業はもとより精密機器や機械産業、さらには自動車といった分野にも衝撃をもたらし、できうる限りの労務費コストの削減を迫り、派遣・請負・契約社員などの活用を促進したのである。こうした産業・雇用の実態に、五年から一〇年という周回遅れの対応をしたのが、九九年と〇四年の「製造派遣の自由化」を含む労働者派遣事業法の改正であった。

産業実態の変化は、待ったなしで進行していたのだから、もっと早く派遣法改正に着手して、同時に派遣・請負・契約社員などの労働者を保護する網をかけておくべきであった。

日本の特異な雇用慣行

ごく一般的な常識としては、イギリスを除く欧州諸国は雇用保障が強く、アメリカは弱いと考えられている。イギリスはその中間と思われているから、雇用保護の強い方から並べると、欧州・イギリス・アメリカの順になろう。では、日本はどこかというと、日本の雇用保障はヨーロッパに近いというところになると思われる。

ＯＥＣＤは、各国の雇用保護規制の厳格度を評価項目ごとに指数化し、ランキングにして発表している。それによると、わが国の雇用保護規制は、総合評価ではＯＥＣＤ加盟二八カ国のなかで中位に位置するが、解雇制限規制とりわけ「解雇の困難度」については、九九年当時でポルトガル、ノルウェーと並んでトップクラスに位置しており、〇四年の調査でも二八カ国中七番目と、上位にランクされている。このように、わが国は先進各国のなかでも、「解雇が困難な労働市場」という評価を受けているのである。

しかし、これは本当なのだろうか。日本とアメリカを比較して「どちらが解雇が困難な労働市場であるか」という問題を大学生に出したとしたら、「日本」と書く人が多いだろう。その理由として、日本は「解雇の規制が強く」、アメリカは「解雇が原則自由」だからだと述べると思われる。しかし、これは本当に正解だろうか。

確かに、法律の上での解雇規制についてはその通りであるが、実際の企業の現場で、解雇がしやすいかどうかは別の問題である。

アメリカは使用者による解雇権の行使は容易だが、ご承知のように訴訟社会であるから、常に不当解雇の裁判を起こされるリスクがある。このため、解雇にあたっては正当な解雇理由と証拠を用意しておく必要があり、結果としては慎重な準備を要することになる。

これに対して、日本は確かに従業員の解雇には慎重であるが、例えば企業が「存亡の危機」に陥ったとみんなで「共同幻想」をすれば、会社と労働組合との労使協議会や団体交渉という労働協約に則った手続きを経ることで、一〇〇〇～二〇〇〇人規模を希望退職という名のもとに大量解雇することができるのである。

希望退職と言ってもリストラなのだから、本当の「希望」ではこんな大量に退職に応募するわけがなく、実態的には労使の陰に陽に手をつくした「指名解雇」である。もちろん、ただ解雇するわけにはいかないから、〇三年に電機の大企業が軒並み手を付けた大リストラでは、定年扱いの退職金に四〇～五〇カ月分（年収の三～四年分）の割増金を支給した。このため、部課長クラスでは七〇〇〇万円から一億円を即金で手にすることができ、また地方の工場に夫婦で勤めていたケースでは二人合わせて五〇〇〇～六〇〇〇万円になったという話もある。まさに「大名リストラ」であった。もちろん、最近の正社員リストラでは、こうはいかないようである。

金銭解決ができない日本

この話を海外の研究者にすると、彼らは口を揃えて「日本はハッピーな金銭解決制度がある」と言われる。「いや、日本の労働組合は解雇の金銭解決に反対だ」と答えると、「アンビリーバブル」と驚かれる。解雇にあたっては「金銭解決」が常識の欧米人たちにとっては、それだけがダメだという日本は理解不能のようだ。〇七年一一月に成立した労働契約法で、その審議の過程でもめたものの一つは、この解雇の「金銭解決」を入れるかどうかであった。

終身雇用の労働組合が中心の連合は、解雇されるリスクがないから「金銭解決」はなくてもいいという考え方をしていた。筆者はかねてから、日々や一カ月、三カ月、長くて一年の雇用契約の派遣や請負、契約社員は、常時契約解除のリスクにさらされている。いざというときにはせめて「金銭解決」が必要で、「期間の定めのある労働契約」だけでもそれにすべきだと主張していたが、そうはならなかった。

〇八年四月に施行された労働契約法には、「金銭解決」はすべて削除され、非正規労働者に朗報をもたらす機会を逸してしまった。今回の〝非正規リストラ〟で、ごく一部の例外を除いて、何も払わずに雇い止めや途中解雇の横行を許すという形でそのツケが回ってきた。

そのあげくに噴出している論調は、「製造派遣は禁止せよ」「有期雇用は原則としてやめさせよ」といったものである。そこまで乱暴な議論ではなくても、期間雇用契約の雇い止めの蔓延《まんえん》や、やむを得ない事由の拡張解釈に、なんらかの歯止めや規制をかける必要があるとの主張は、かなり広範にある。

しかし、〇八年から施行された労働契約法第一七条一項には次のように書いてある。

「使用者は、期間の定めのある労働契約について、やむを得ない事由がある場合でなければ、その契約期間が満了するまでの間において、労働者を解雇することができない」

ここには、「中途解除」の禁止について書いてあるが、罰則規定がない。期間雇用契約を結んだ以上、それを「中途解除」するときには、残余期間の賃金の相当分を支払え、というのが筆者の主張である。当然、「金さえ払えば、いつでも解雇できるのか」という批判が浴びせかけられたが、「それでいい」のだと思う。

グローバルな市場収縮などという訳のわからない「やむを得ない事由」で、ただ中途解除されるよりは金銭解決の方がましで、会社の方だってそれなら契約期間中は働いてもらう、という行動に出るだろう。

この「雇い止め」に関しても、経済財政諮問会議の労働市場改革専門調査会は、それまで働いてきた「継続雇用期間に応じた一定の手当の支払いのルール化」を提言している。[9]

今回の〝非正規リストラ〟のなかでも、トヨタ自動車は「雇い止めにあたって、派遣社員に一〇万円を支給している」という話が伝わってくる。トヨタには、期間社員が契約期間を満期で辞めると報奨金が出る制度がある。こういうことを制度としてルール化せよ、というのがこの提言である。要は、「中途解除」でも「雇い止め」でも、金銭解決のルールを組み込んで、ビジネスライクに処理した方が、企業に対して強い規制力になるということで、その方が派遣・請負労働者にとってはまだましであろう。

非正規労働者一括保護と雇用の共同責任

アメリカでは「雇用のテンポラリー化」は、業務請負、派遣、オンコールなど多様な形で進行しており、長期雇用と高賃金で中間所得層の中核を担ってきた製造業労働者が、「賃金破壊」と「雇用のテンポラリー化」によって下層に引き裂かれ、その結果〝働く貧困〟が社会問題化するようになっている。欧州先進国でも、東欧諸国からの「低賃金圧力」を受けた「雇用の柔軟化」という雇用改革が潮流となったのも、本質的に共通のものである。

このような世界の雇用の最先端における構造変化は、日本だけが免れるものではない。そうしたなかで、世界でも有数の長期安定雇用で、しかも高賃金国になってしまった日本は、アジア、とりわけ中国からの低賃金を武器とした「価格破壊圧力」に抗しきれず、総労務費コストの削減と雇用の短期化に踏み切らざるを得なくなったのである。それにしては、非正規労働者保護の施策はあまりにも遅れ、希薄でありすぎた。

これからの課題は、正社員の強固な雇用保障と、あまりに希薄で弱い非正社員の雇用保護の間で、どのようにバランスをとるか、ということであろう。

そのためには、労働者保護法制の面で不十分な立場に立たされている非正規労働者の法的保護を図る必要がある。

日本における非正規労働者の保護法は、いわゆるパート労働者保護法、労働者派遣法、建設労働法、港湾労働法などに散在している。また、請負雇用については民法による契約であるために、固有の労働者保護規定がない。したがって、いずれかの法律の規制や保護規定を強化すると、他の雇用契約に逃げるという脱法行為を繰り返しているのが実情である。

これを解決するには、すべての形態における雇用契約に法の網をかけて、非正規労働者を保護する「非正規労働者一括保護法」を制定することを提言したい。その立案にあたっては、

「正社員」にすることにはこだわらず、非正規労働者は非正規として労働者保護の網をかけ、労働者福祉の向上に資するものとすることである。

また、雇用者と使用者が異なることが多い非正規労働者には、雇用者・使用者に対して「共同雇用」の概念を新たに導入して、双方に責任を負わせるようにすることが重要である。日本では、例えば二〇〇六年四月にニコン埼玉工場で働いていた請負会社の社員が、就業先で自殺した事件において、東京地裁は請負会社と受入企業の双方に対して総額二四〇〇万円の支払いを命ずる判決を言い渡した。この案件はまだ控訴中であるが、民法による「請負契約の自由」を楯に「雇用責任」を回避してきた受入企業に対して、健康配慮義務を求めたという点で画期的なものである。とは言え日本においては、訴訟によらなければ責任の所在が明らかにならないというのが現状である。

この法律によって、雇用のベンダー企業（送り出し企業）とユーザー企業（受け入れ企業）は基本的に労働者に対して共同で責任を負うものとする。具体的には、安全衛生への配慮義務や雇用解除の金銭解決の負担、社会保険料の負担など、各項目ごとに双方が責任を負うべきウエートを変えるなど、弾力的な運用を図る必要がある。

注

1　電機連合「電機産業の雇用構造に関する調査」（「調査時報」No.323、二〇〇一年）

2　小林良暢「世界の最先端雇用事情」（正村公宏・現代総合研究集団編『21世紀のグランド・デザイン』所収、NTT出版、二〇〇二年）

3　P・F・ドラッカー『ネクスト・ソサエティ』（上田惇生訳、ダイヤモンド社、二〇〇二年）、この論文は本書の第六章に所収されている。

4　アメリカのPEO（Professional Employer Organization）については、電機連合「北米EMS調査団報告」（二〇〇二年）、小林良暢「アメリカのPEO」（労働調査協議会「労働調査」二〇〇二年一〇月）

5　濱口桂一郎「ケインズに派遣を語らせるなかれ」（「EU労働法政策雑記帳」二〇〇九年一月一三日）

6　雇用・能力開発機構・国際労働財団「非正規雇用者の雇用管理と能力開発に関する調査」（二〇〇八年三月）

7　「週刊東洋経済」（二〇〇八年一月一二日号）「特集・『北欧』はここまでやる。格差なき成長は可能だ！」

8　樋口美雄・財務省財務総合政策研究所編著『転換期の雇用・能力開発支援の経済政策』（日本評論社、二〇〇六年）

9　経済財政諮問会議・労働市場改革専門調査会「第四次報告」（二〇〇八年九月一七日）

エピローグ──究極の雇用制度改革

「一〇〇年に一度」の不況の下で

二〇〇九年は、世界市場の暴力的な収縮による大不況の様相を強めている。わが国においては、このグローバル大不況が正規雇用から非正規雇用への移行という構造的な大転換の過程と重なり、非正規労働者に集中して雇用調整が行われるという、かつて経験したことのない雇用危機に陥っている。

この雇用危機への対策として、生活難に苦しんでいる人々への緊急救済政策から始まって、社会的なセーフティネットの拡充や法的不備に対する新規立法を図りながら、労働市場や雇用慣行、さらには働き方や生活スタイルまでを含め、抜本的な雇用制度改革が求められている。

本書が書店に並ぶ頃には、国会では予算案ならびに関連法案の目途も立ち、懸案になっていた労働者派遣事業法の改正法案が審議日程に上って、論戦が始まっているかもしれない。この派遣法の改正問題を巡っては、様々な論点があることは、第2章ですでに述べてきた。しかし、この法改正が行われたとしても、依然としてまだ多くの問題点が残されたままで、これをもって非正規労働者の雇用と生活の安定が担保できるとは、到底考えられない。

この本では、非正規労働者の雇用と生活の安定に必要な、積極的雇用政策、賃金・処遇の均等待遇、公的セーフティネットや就業支援、年金改革など、それぞれの個別の政策提起をしてきた。本章では、これからの労働者派遣のあり方を巡る根本的な問題に関し、じっくりと議論すべき論点について、最後に総括しておきたい。

均等待遇のための「原資」はどこにあるのか

本書では、第3章で「雇用格差」を解消する突破口として、年収三〇〇万円以下層の賃金について、一〇〇万円増やすことを提案した。また、その上で賃金・処遇面での均等待遇と非正社員のための雇用保険や教育訓練・就業支援、公的年金などの改革案を提案してきた。

しかし、このような政策をすべて実行しようとすると、膨大な財源や原資が必要となる。それをどこから持ってくるのか、ということが疑問となろう。しかも、世界で最高レベルの高賃金国になってしまった日本では、賃金コストや社会保障コストをこれ以上大幅に引き上げることは、きわめて困難であることが予想される。アジアや中国からの要素価格の均等化の圧力を受けているなかで、日本の労働者の総人件費コストをこれ以上引き上げることは、国際競争力上、難しいと言わざるを得ない。

そういう状況のなかでも、例えば年収三〇〇万円以下層の賃金を一〇〇万円増やすには、どうすればいいのだろうか。この本では、正社員で年収六〇〇万～一二〇〇万円くらいの層の賃金・ボーナスから一〇〇万円を減額して原資とし、それを年収三〇〇万円以下層に配分することを提案してきた（年収一二〇〇万円以上は別途の課税強化）。これは、賃金総原資の再配分であるが、解決策はこれしかないのである。

しかし、はたしてこんなことが実現可能なのだろうか。それこそ、リアリティのない話ではないのか。確かに、現状のままでは絶対に困難であろう。それでも、それを実行するには、実現するための社会的な仕掛けが必要になってくる。一企業内でそれを実現するのは無理であるから、社会戦略を考えなければならない。ましてや、正社員の高賃金層から、いきなり一〇〇万円を減らせというのは、どう考えても通りづらい話である。

そこで、この社会戦略の第一弾として、労働時間を短縮するのである。日本の所定労働時間は、すでにアメリカ並みに達しており、ドイツ、フランスのレベルまで下げるのは無理であるとしても、全体の労働時間について一五～二〇％程度を短縮することは可能であろう。ただし、ここで言う一五～二〇％程度の短縮というのは、総労働時間の短縮のことである。所定労働時間の短縮や残業の削減とあわせて、短時間勤務や期間限定勤務など、働き方の多様化と組み合わせて行えば、十分に実現可能な目標である。

そして第二弾として、この短縮した労働時間分の賃金を引き下げるのである。これならば、賃金引き下げも理にかなっていよう。

この二つのことを個別の産業や企業で行おうとすると必ず失敗する。すべての産業・企業で同時に実行することが最大のポイントで、それを政労使のトップで合意するのである。これが日本版の「ワークシェアリング」と「ワーク・ライフ・バランス」の議論である。

ワークシェアリングへの疑問

○九年春闘で、突如として「ワークシェアリング」が急浮上してきた。前回「ワークシェアリング」の話が出たのは、IT不況真っただ中の○二年春闘のときであった。筆者はワークシェアリングは不況になると出てくる、お化けや幽霊のようなものであると考えている。なぜかというと、正体のつかめない、実体のないものだからである。

今回も経団連が熱心に提案しており、舛添厚生労働大臣が同調している。連合は消極的である一方、傘下の全国ユニオンは賃上げより仕事の分かち合いをと主張するなど、それぞれの意見がかみ合わず、混迷している。なぜ、混迷するかというと、一言で「ワークシェアリング」と言っても、定義が曖昧で、つかみどころがないからである。

ワークシェアリングとは、「働く人が仕事を分け合う労働形態」だとされている。しかし、これをそれぞれの思惑で勝手に解釈するとまとまらないので、〇二年の時には、連合と日本経団連、それに政府も加わった三者が「ワークシェアリングの基本的な考え方」について合意したことがある。この時は、厚生労働省が原則として二つの類型を提示した。

①緊急対応型…業績が悪化した企業が一時的に労働時間を短縮し賃金を減らすもので、実施にあたっての留意事項として、時間当たりの賃金は減少させないもの。

②多様就業型…正社員の短時間勤務や隔日勤務など多様な働き方を増やし、成果に見合った公正な処遇を図り、雇用の創出を目指す。

筆者は当時、これでは実現性がないと言っていた。①はリストラの変型だし、②も時短した分の賃金について減額することをきちんと明記しないばかりか、合意文書には減額しないよう留意せよとさえ書いてある。これではワークシェアリングにならない。実際に、のちに厚労省が調査したところによると、①の制度を導入した企業は二八%、②は六%に留まった。

今回のワークシェアリングにあたっては、上記二つの類型に、中高年の雇用を確保する雇用維持型、失業者に雇用機会を提供する雇用創出型の二つを加えて四類型があると言われている。しかしながら欧州のように時給賃金であれば、時短分は自動的にカットされる。しかし、日給・月給が主流の日本では、賃金カットをするには労使協定をしなければならず、賃金カットを法定化しないとできないことがネックである。

今、本当にワークシェアリングを実施するのであれば、政労使で時短分の賃金カットについて合意し、それを法定化する必要がある。さらに、賃下げを嫌がる連合に対して、賃金カット分の一定割合（例えば六割といった具合）の補助金を出すというような配慮をしなければ、実現することはできない。

しかし、緊急対応型ワークシェアリングは、緊急事態が過ぎ去れば、元に戻るだけである。働き方も労働時間も元のままで、何も変わらない。これでは、ワークシェアリングの意味がない。働き方を変えて、公平で効率的な雇用・生活環境に作り替えることが、本来の趣旨に則ったワークシェアリングだとすると、それはワーク・ライフ・バランスに通じる。

休息時間が極端に短い日本

国際的には、通勤時間と自由時間に睡眠時間の三つを合わせたものを「休息時間」と呼んでいる。EUでは、休息時間を「退社してから次の日に出勤してくるまでの時間」と定義している。また、EUは労働時間指令で、この「一日の休息時間を最低連続一一時間とする」ことを、各国に義務づけている。これによると、残業をして夜一一時に退社すると、翌朝は一〇時前には出勤できないことになる。

この休息時間を、国際生活時間調査によって比較すると[1]、日本が最も短い。図表終―1に挙

図表終-1　１日の「休息時間」の国際比較

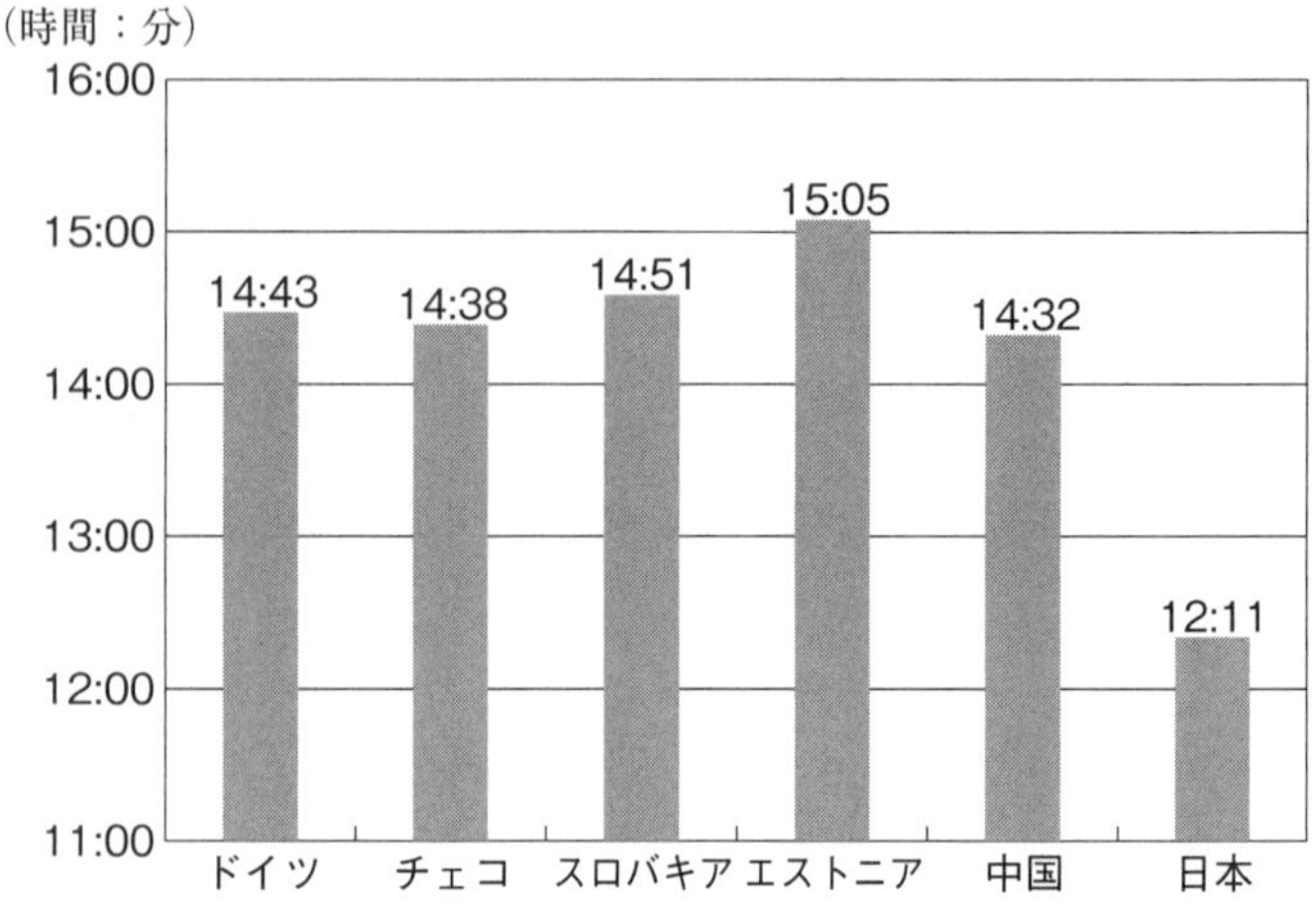

出所：企業文化研究会「企業文化に関する国際アンケート調査」(労働調査協議会「労働調査」2009年３月号)

げたように、最も長いのはエストニアで一五時間五分。その他の国でも、日本を除いてはいずれも一四時間を突破しており、中国でさえ一四時間三二分になっている。

これに対して、日本は一二時間一一分ときわめて短い。その差は、二時間半から三時間であるが、これは日々の生活にとってきわめて重要である。日本人の生活に「ゆとり」が実感できないのは、平日の休息時間が短いからである。

この調査によると、日本以外の五カ国では休息時間がEU指令の一一時間以下の人はほとんどいないが、日本だけは二二・四%と、実に五人に一人もいる。もう少し詳しく産業別に見ると、日本のスーパーマーケットなどの流通産業では、「在社時間一三時間以上」が五一・三％ときわめて多くなっている。また、電子・電機産業は、今回の調査では二一・二％であったが、電機連合の調査によると、開発技術者や営業職の場合は「在社時間一三時間以上」が四〇％を超えている。[2] こういう人たちは、「ＥＵ労働時間指令」では、即「レッドカード」である。

本当の「ワーク・ライフ・バランス」の実現へ

一日二四時間はどこの国も同じである。この二四時間をどう配分しているか、その仕方によって人々の「生活のゆとり」に差が出る。日本の休息時間が短いのは、在社時間が長いからである。ワーク・ライフ・バランスとは、休息時間をドイツやせめて中国並みにしようということである。

安倍内閣によって設置された経済財政諮問会議の労働市場改革専門調査会は、〇七年の一月から四月にかけてワーク・ライフ・バランスを取り上げ、それを実現する有効な手段として休息時間について論議した。この調査会の原案には、「休息時間を一日最低一一時間」とする項目も入っていた。しかし、官邸での調整を経るなかで、各省庁や経済界から、働き方の硬直化を招き、コストプッシュ要因になるとの反対があった。このため、〇七年六月の「骨太方針」における「ワーク・ライフ・バランス憲章」のなかでは、休息時間は脚注のなかにその足跡を留めるだけになってしまった。わが国のワーク・ライフ・バランス論議は、この第一歩で躓《つまず》いてしまったと言える。

筆者が、EUのような休息時間を導入せよと強く主張すると、「また外国のまねか」と非難される。しかし、日本国憲法のなかにも休息時間の考え方があることを、ここで指摘しておきたい。日本国憲法第二七条は、「勤労の権利・義務、勤労条件の基準、児童の酷使禁止」を定めている。その二項には「賃金、就業時間、休息その他の勤労条件に関する基準は、法律でこれを定める」と明記されている。ここでいう「休息」とは、労働時間の中断を意味する「休憩」(break)とは異なる「休息」(rest)である。

ところが労働基準法では、この「休息」が「休憩」にすり替えられてしまったのである。昼休みや一〇分間の「休憩」程度のことであれば、なにも憲法にまで謳《うた》うことはない。本当は、退社してから次の出勤までの「休息」のことを指しているのである。

ワーク・ライフ・バランスの目的は、「日々のゆとりある生活」を実現することにある。だから、連合の要求のように時間外割増率の引き上げを通じて労働時間短縮を図るという回りくどい手法ではなく、もっとプリミティブかつ直接的、具体的に、「一日の休息時間について、一一時間以上を確保する」という旗を掲げた方が、訴える力は強いと思うのだか、なかなかそうしようとしないのが現実である。

時間短縮と賃金再配分の原資

ワーク・ライフ・バランスの実現とは、平日の時間配分のなかで、「ワーク」の時間を減らして、「ライフ」の時間にシフトさせることである。

まず、総理大臣と経団連、連合の両会長の三人で、「ワーク・ライフ・バランス推進官民トップ会議」を再招集して、休息時間を一一時間以上とする政労使「トップ合意」を実現することである。このためには、先に述べたように総労働時間を現在より一五～二〇％程度短縮する必要があるが、その時短分の賃金は「ノーワーク・ノーペイ」の原則に則って減額する。こうすれば、前述の賃金・処遇の再配分の原資が出てくるのである。

しかし、この実現については、一年や二年では到底無理な話であろう。一〇年、一五年という長いスパンで、政労使の足並みをそろえて実行していくしかない。

ちなみに、〇八年春闘におけるベースアップは、正社員は約一〇〇〇円足らずであったが、パート・派遣の時給改善は約二三〇〇円で、およそ一三〇〇円の差があった。仮に、これが一〇年続くとすると、約一万三〇〇〇円の格差縮小が進む。均等待遇の実現は、このように一歩一歩進めていくことである。

「そこそこの豊かさ」を求めて

わが国の経済社会には、賃金に限らず様々な格差が存在する。例えば、高賃金・月給社員と低賃金・時給労働者の格差や、就業している者と失業ないしは半失業の人とのギャップ、また現役時代の職業によって生じる格差年金、病気やハンディキャップによる医療・介護格差、あるいは男性と女性の社会的なバリア等々である。

それでは、高賃金国に未来はないのか。幸いなことに、高賃金国には先進国としての蓄積がある。二一世紀の日本が高度成長に復帰することはないであろうが、人口が減少局面に入っているので、たとえゼロ成長であっても、一人当たりGDPは増えていくのである。したがって、実質〇・五％から一・〇％の成長があれば、豊かさの源泉を手にし続けることが可能なのである。

にもかかわらず、貧困層が固定化したり、日々の生活にゆとりがないのは、社会の原資配分が偏っているためである。だから、賃金の総原資や雇用保険・公的年金の財源、教育訓練の総費用、生活時間などを抜本的に再配分し直すのである。そうすることで「そこそこの豊かさ」を広くあまねく享受できるよう、その賃金原資や社会保障原資を再配分する政策に転換することが、先進国の知恵というものであろう。

〝非正規リストラ〟の前には、厚く深い不況の暗雲が立ち込めている。早くとも両三年はかかると言われるこの長い不況の雲をくぐり抜けた先に、非正規労働者にとって晴れ間が広がっているような政策が、今こそ必要になるのである。

注

1　企業文化研究会「企業文化に関する国際アンケート調査」（労働調査協議会「労働調査」二〇〇九年三月号）

2　電機連合「21世紀生活ビジョン研究会報告」（二〇〇七年）

あとがき

二〇〇九年二月に放送されたテレビ朝日系列のサンデー・プロジェクトは、「派遣法誕生の真実」と題して、労働者派遣とりわけ登録型派遣を合法化したのは誰かという、その〝犯人〟探しの特集であったが、筆者も長らく停止状態であった審議を再開させるきっかけをつくった〝共犯者〟の一人に仕立て上げられた。確かに、筆者と派遣問題との関わりはこのときからである。一九七四年に電機労連（現在の電機連合）が労働大臣に派遣法の早期法案化の申し入れをしたのは、多数の派遣技術者を組合員として抱える産業別労働組合として、プログラマーやシステムエンジニアなどの情報派遣技術者が「非合法派遣」「不法労働者」などと言われるのが忍びがたく、法律によって労働者保護の網をかぶせようという思いからであった。

言うまでもなく、当時の労働組合は（今でもそうであるが）、「正社員化せよ」というのが大勢であった。しかし、その方針は建て前にすぎず、実際はパートタイマーや臨時労働者の増加を認めている労働組合の姿勢に忸怩《じくじ》たる思いがあった。その直後に、「日経ビジネス」の特集で、スーパーのユニーがパート社員約六〇〇〇人を正社員に登用する制度を労使でつくったが、実際に希望者を募集したところ、パートからの応募は全体のわずか七人しかいなかった、という記事が掲載された。会社も労働組合も、パート社員のニーズをどこかで完全に読みちがっていたのである。派遣やパートの本当のニーズは、「正社員化」というよりも、その雇用形態のままで雇用の安定と労働条件の向上を図ることだ、という思いを改めて強くした。

しかし、現実の労働者派遣事業法は、労働者保護の面はまだ不十分であった。したがって、派遣法の見直しの度に出てくる対象業務の拡大に対して、それを認める代わりに保護規定を一つでも二つでも入れて積み重ねてくればよかったのであるが、しかしながら、その後の流れは業務範囲の拡大を許しただけで、有効な保護規定を加えられずに今日に至っている。

〇九年二月に、厚生労働省は有期労働契約研究会をスタートさせ、期間を定めて働く有期労働者の労働契約のあり方の検討を開始した。パートや契約社員、派遣労働者など有期労働者全体のルールづくりを目指し、二〇一〇年夏をめどに報告書をまとめ、法改正を含む制度改正に着手するという。

他方、民主、社民、国民新党の野党三党も、「有期雇用法案」を用意しているようである。こちらの方は、有期雇用を専門職などの領域に極力限定して、正社員雇用を中心にする考え方のようである。

パートや派遣といった個別の法案ではなく、有期労働者全体の共通のルールづくりを目指すというのは、本書で提案した「非正規労働者一括保護法」と同じ考え方で、大いに期待したい。しかし、非正規労働者が一八〇〇万人に達している現実を踏まえて考えると、なによりもパートや契約社員、派遣社員などの雇用の安定と労働条件の向上に資するものになることが重要で、本書はその一助となる具体的提案をしてきたつもりである。

本書は、この数年の間、「電機連合NAVI」（電機総研）、「REPORT」（情報労連）、「改革者」（政策研究フォーラム）などの月刊誌に連載した、派遣など非正規雇用問題についてのコラムと、この間に書いた論文の一部をベースにしながら、今回新たに書き起こしたものである。また、〇六〜〇八年にかけて経済財政諮問会議の労働市場改革専門調査会の論議に参画し、八代尚宏会長をはじめ、委員の先生方から多くの知見を得ることができ、今回本にまとめるにあたって、大いに役立った。本書の出版にあたっては、日本経済新聞出版社の赤木裕介氏に企画から編集・校正まで一貫して労をとっていただいた。以上を記して、謝意を表したい。

小林良暢（こばやし・よしのぶ）
グローバル産業雇用総合研究所所長。
1939年生まれ。70年電機労連本部書記局に入職。その後企画部専門部長、中央執行役員。90年連合総研主幹研究員、電機総研事務局長。2003年にグローバル産業雇用研究所を設立、現在に至る。
2006年～08年、経済財政諮問会議労働市場改革専門調査会委員。

なぜ雇用格差はなくならないのか

2009年3月25日　1版1刷

著　者　小林良暢

発行者　羽土　力

発行所　日本経済新聞出版社
http://www.nikkeibook.com/
東京都千代田区大手町1-9-5　〒100-8066
電話03-3270-0251

印刷／製本　シナノ印刷

ISBN 978-4-532-31447-7

Printed in Japan